菠萝彩书系

# 中彩新思路

## 转换选号法（福彩卷）

双色球 UNION LOTTO

彩乐乐 编著

经济管理出版社
ECONOMY & MANAGEMENT PUBLISHING HOUSE

图书在版编目（CIP）数据

中彩新思路——转换选号法（福彩卷）/彩乐乐编著. —北京：经济管理出版社，2018.8（2023.7重印）
ISBN 978-7-5096-5903-8

Ⅰ.①中⋯　Ⅱ.①彩⋯　Ⅲ.①社会福利—彩票—基本知识—中国　Ⅳ.①F726.952

中国版本图书馆CIP数据核字（2018）第166479号

组稿编辑：杨国强
责任编辑：杨国强　张瑞军
责任印制：黄章平
责任校对：张晓燕

出版发行：经济管理出版社
　　　　　（北京市海淀区北蜂窝8号中雅大厦A座11层　100038）
网　　址：www.E-mp.com.cn
电　　话：（010）51915602
印　　刷：唐山昊达印刷有限公司
经　　销：新华书店
开　　本：720mm×1000mm/16
印　　张：7.5
字　　数：138千字
版　　次：2018年8月第1版　2023年7月第2次印刷
书　　号：ISBN 978-7-5096-5903-8
定　　价：38.00元

·版权所有　翻印必究·

凡购本社图书，如有印装错误，由本社读者服务部负责调换。
联系地址：北京阜外月坛北小街2号
电话：（010）68022974　　邮编：100836

# 前　言

## 一、内容概括

彩票选号需要创新、需要灵活变通。创新就是突破，变通就是依据原有方法或者规律，转换思维角度，转变选号模式。这样一来，将难转易、将易转简，从简入手，中奖的概率也就有所提高。

本书包含福彩 3D 选号、杀号、定胆方法，双色球转换模式选号方法，以及双色球条件组设置过滤缩水的方法。这样一来，双色球可以省去杀号环节，以新模式加条件组过滤，筛选出的号码更有针对性，也更容易把握中奖的趋势。

书中内容是以原有方法结合创新模式，以提高中奖概率，并且均以实战实例为读者讲解，相信读者朋友一定会喜欢。

## 二、中奖向导

（1）认真学习书中转换法和双色球条件组设置；

（2）学会利用软件分析号码；

（3）多参考、多辅助、少质疑；

（4）打开格局，决定结局；

（5）放平心态，决定成败；

（6）中奖技巧，尽在其中。

### 三、彩票辅助工具的应用

**1. 缩水过滤**

顾名思义，缩水过滤就是将认为不会开出的号码去掉，称过滤或缩水。

例如，双色球中 01 02 03 04 05 06 和 28 29 30 31 32 33 这样的号码是不会开出的（实际概率一样），那么就不要让它在你的复式中出现。

因此，当你的复式分解后，就要进行缩水过滤，这样可以减少购买的金额。剔除没用的号码组合可以提高命中的概率。

对于缩水条件的设定，你可以想象成警察在抓某个犯人。某城市有 100 万人，百万分之一的概率可以抓到这个犯人。

那么，这时警察就需要"缩水"了，缩小范围，首先确定是男性，那么该城市有 50 万男性，缩水到五十万分之一。

该男性是光头，本城市光头的男性只有 2 万人，缩水到两万分之一。

该男性身高 1.80 米，本城市光头且身高 1.80 米的男性有 3000 人，缩水到三千分之一。

该男性是外地人，本城市里外地光头且身高 1.80 米的男性仅有 500 人，缩水到五百分之一。

作案时逃逸到西北方向某区，本城市西北方向某区外地光头且身高 1.80 米的男性仅有 10 人，缩水到十分之一。

这就是缩水（缩小范围）过滤（去掉不会出现的区域）。

**2. 彩票工具辅助选号的优势**

其一，减少人工运算时间（节约时间）；

其二，节约投资成本（节约成本）；

其三，利用转换法和彩票工具的结合使用，可以大大提高中奖概率（人脑+电脑=完整）；

其四，向技术型彩民不断靠近（更专业）。

**3. 本书应用彩票工具**

在本书中我们应用的彩票工具有"菠萝彩双色球分析家""菠萝彩神奇魔图工具包""菠萝彩双色球定位胆排序"。

菠萝彩双色球分析家内容：

过滤部分：

（1）多位过滤。

（2）过滤：号码形态。

（3）过滤：6行6列。

（4）过滤：号码比对。

（5）定位红尾缩水。

（6）不定位红尾缩水。

（7）独杀三区比缩水。

（8）监视号码工具。

（9）缩水推荐37%与82%两项。

（10）三区遗漏过滤法。

（11）尾数个数过滤。

（12）尾数组合过滤。

（13）编号过滤。

（14）47个过滤项目表。

图表部分：

（1）尾数同出统计表。

（2）定位尾数同出统计表。

（3）编号统计。

（4）号码同出统计表。

预测部分：

（1）19式定位杀号（红蓝球）。

（2）19式删减法辅助工具。

（3）自动搜索命中率高低的公式参数。

（4）跨度围红工具。

（5）离散胆杀工具。

（6）九宫图围红工具。

（7）第1胆尾区。

（8）第2胆尾区。

（9）奴隶围蓝工具。

(10) 大底围红工具。

(11) 独杀三区比。

(12) 离散胆杀之自动取胆区。

(13) 复式分解。

(14) 新手模式：全方位缩水引导。

(15) 新手模式：离散缩水。

菠萝彩神奇魔图工具包内容：

魔图工具包，主要适用于数字三型彩票使用，工具包内包含：《神奇魔图解密》教程一本、魔图数字卡、012路变形卡、质合变形卡、魔图方块透明胶片等。

菠萝彩双色球定位胆排序内容：

按照双色球六个号码的号位，设置几个简单的条件，下期的开奖号码范围就会呈现在我们眼前，既可以缩减选号范围，又可以省去大量前期的算法研究。

# 目 录

| 导 读 | 选号新思路 | 001 |
| --- | --- | --- |

## 第一章 定律分析与揭秘 …………………………………… 005

  第一节  术语解释 ………………………………………… 005
  第二节  双色球定律分析与揭秘 ………………………… 009
  第三节  福彩 3D 定律分析与揭秘 ……………………… 012

## 第二章 辅助工具 …………………………………………… 019

  第一节  魔图 ……………………………………………… 019
  第二节  双色球分析家 …………………………………… 029
  第三节  双色球定位胆排序 ……………………………… 035
  第四节  数字三分析家 …………………………………… 041

## 第三章 福彩 3D 杀号定胆 ………………………………… 049

## 第四章 福彩 3D 选号方法 ………………………………… 057

## 第五章 双色球条件组设置与应用 ………………………… 063

## 第六章 转换法的概念与实操 ……………………………… 073

## 第七章 双色球转换法与工具应用 ………………………… 077

## 第八章 双色球综合应用的秘诀 …………………………… 083

第九章 双色球蓝球选号方法 …………………………………………… 093

第十章 菠萝彩创始人——郑洽 …………………………………………… 099

附　录 ……………………………………………………………………… 103

后　记 ……………………………………………………………………… 109

# 导　读　选号新思路

彩票选号方法包括杀号定胆、走势图遗漏分析、公式计算等，我们可以将有限的方法无限地结合应用，达到思维扩展，创新选号模式，用已经具备的方法去寻找新的思路，打开格局方能决定结局。

## 一、新思路新在哪里

所谓的新思路，就在于排除复杂的干扰，一切选号操作以简化为宜，寻找突破口。

### (一) 以尾数寻出路

乐透型彩票为什么复杂？

因为号码多，组合多，选择号码的时候会出现模棱两可、选择困难的状况。

数字三型彩票为什么稍显简单？

因为号码少，组合也相对较少，选择号码的时候比较易于掌握规律。

一个比较复杂，一个稍显简单，这种情况下就要另选出路，以尾数寻找突破口是不二之选。

### (二) 巧妙的验证方法

在乐透型转换成数字三型以后，我们发现每一注数字三的号码都与另一注号码有一个交叉点，在这里我们称之为节点。利用前一注与后一注的节点，以验证前一注选择的号码，形成环环紧扣、步步推移的形态，不必刻意验证，只要遵循前后协调，就可以简单、轻松、巧妙地验证了。

### （三）灵活性

彩票号码是随机产生的，所以有跳跃性、有灵活性，在选择号码的时候也要有灵活式、跳跃式的操作。

转换法是比较灵活的，它不被号码本身所困扰，也不用费时费力地抓住一个号码不放，只要数字三准确选择，不用排先后顺序，通过自带的验证方法，位置自然罗列开。

## 二、方法的延伸应用

彩票，区分为福彩与体彩，福彩与体彩又各自分为乐透型和数字型。那么，我们将乐透型与数字型彩票的选号方法相关联，将乐透型转变为数字型彩票来选择号码，利用数字型彩票的方法，延伸至乐透型彩票。也就是说，将比较复杂的乐透型选号，转换为稍显简单的数字型选号，就可以大大提高中奖概率。

然而数字型彩票在选号过程中，再转变为更简单一些的数字三型，利用数字三型的模式进行操作，更能行之有效地找出号码，提升中奖概率。

## 三、软件操作

在转换法准确无误定位以后，利用软件进行缩水。

因为已经定出每一位的尾数（或多或少），利用软件（菠萝彩双色球分析家）中的多位滤除项，就可以轻松、快捷地组出单式号码，并且运用软件中准确率高的缩水功能还可以减少注数，方便投注。

## 四、方法的混合运用

在软件缩水过程中，我们可以运用其他方法辅助出号，例如杀号定胆、走势图遗漏等，在软件中排除绝杀号码，排除不必要的注数，是很容易做到的。

这样可以在保证准确率的基础上，减少投注注数，真正做到以小博大。

## 五、重点关注

在本书中，利用先分后总的布局模式，即先简要描述，后总结实战。所以只有通篇阅读，才能体会到转换法的技巧与结合应用的策略。重点内容包括转换法、辅助工具的应用、实战应用和结合应用。

# 第一章　定律分析与揭秘

## 第一节　术语解释

懂得术语，方能成为专业。

术语是指各门学科中的专门用语，用来正确标记生产技术、科学、艺术、社会生活等各专门领域中的事物、现象、特性、关系、过程的用语。

为了便于帮助大家理清思路，由浅入深地了解和掌握，把相关术语分别汇总于此。

### 一、双色球

（1）重叠码：也叫重复号和遗传号，与上期开出的中奖号码相同的号码。

（2）边码：也叫邻号，与上期开出的中奖号码加减余1的号码。

（3）斜连码：与历期中奖号码构成斜连形状的号码，斜连码必须由三期以上的各1个号码构成。

（4）对望码：上下数期直观上呈现一定的规律（等量、递减、递增、倍增、倍减）出现的号码。

（5）三角码：走势图上3个号码呈现三角形形状的号码。

(6) 弧形码：走势图上呈现有序的几何图形的号码。

(7) 空门码：与历期，尤其是最近五期中奖号码没有任何联系的号码。

(8) 关系码：与历期，尤其是最近五期的中奖号码有联系的号码，一般重叠码、边码、斜连码、三角码、对望码、弧形码均归入关系码行列。

(9) 连号：即相连号码，中奖号码按顺序相连。

(10) 同位码：也叫同尾球，是指一组中奖号码中尾数相同的号码，如 11、21、31 是同位码，05、15、25 也是同位码，一般每组中奖号码里都有 1~2 对同位码。

(11) 个位数：按不重复计算中奖号码中个位数出现的次数。如中奖号码 01、15、21、22、26、27，则个位数为五个。

(12) 总值：各个中奖号码数值之和。

(13) 均值：各个中奖号码的平均值。

(14) 极差：也称为全距，是指基本中奖号码中最大的号码和最小的号码之间的差。

(15) 遗漏：开奖号码中没有出现的号码。

(16) 热号：近期，尤其是在近十期内出现频繁、表现活跃的号码。

(17) 冷号：刚好与热号相反，出现频率比较低甚至没有出现的号码。

(18) 区间：把所有备选号码分成若干个小组。双色球分为 01~11、12~22、23~33 三个区间。

(19) 跳号：隔期出现的号码。

(20) 胆码：在某期中极易开出的号码，如果买多注彩票就用其作为固定号码，再配以其他号码作为一注。

(21) AC 值：算数复杂性。指一组号码组合中任意两个数字的不同正数差值的总数减去"选出数-1"的值。如"M 选 N"玩法中，N 就是"选出数"。如双色球开奖号码 04、07、11、19、23、26，AC 值的计算方法：04、07、11、19、23、26，"选出数"为六，将六个号码相减：

{07-04=3}{11-04=7}{19-04=15}{23-04=19}{26-04=22}{11-07=4}{19-07=12}……以此类推，一共十五个差值，AC 值为 9-(6-1)=4，AC 值是判断所选号码是否符合理论，如选择一组号码，通过 AC 值分析这组号码是否有开出的可能。所以，AC 值在不同的"M 选 N"玩法中有不同的理论范围。经过大量的研究，发现双色球 AC 值理论范围在 3~15。如选取一组号码：02、03、04、05、06、07，这组号码只出现五个不同差值，它的 AC 值为 5-(6-1)=0，AC 值小于 3，不符合理论值的这组号码可以大胆排除。由于出号是随机的，AC 值只是一个理论参考值，只能配合和值、全距、奇偶比等参数，使其合理化。不过，AC 值能使购买彩票时减少盲目性，提高中奖概率。

(22) 大号、小号：把待选号码中数值较大的号码称作大号，而数值小的号码称作小号。一般来说大号、小号各占待选号码的一半，小号为 01~16，大号为 17~33。

(23) 单双、奇偶：号码值为奇数的称为单，为偶数的号码称为双。单双与奇偶是叫法不同的相同的两个概念。

(24) 号码段：在分析开奖号码时，通常把号码划分为几组，每组也称为段，如把号码分成大号和小号两组，或是分成单号和双号两组，甚至是分成不规则的几组，如双色球，可以分成以下号码段：

第一段：01 02 03 04 05 06

第二段：07 08 09 10 11 12

第三段：13 14 15 16 17 18

第四段：19 20 21 22 23 24

第五段：25 26 27 28 29 30

第六段：31 32 33

第一段：01 02 03 04 05 06 07 08 09 10 11

第二段：12 13 14 15 16 17 18 19 20 21 22

第三段：23 24 25 26 27 28 29 30 31 32 33

甚至还可以把同一号码划分在几个段，号码段如何划分要看彩民的分析需要而定。

(25) 换位：如果把号码看成由个位数及十位数组成，那么个位数与十位数对换的两个号码称作一组换位码，如 12、21。另外，把两个号码中的某一个号码旋转 360°以后与另一个号码个位十位形成对换，也称为换位码，如 06、09。

（26）相关系数：研究的是两个号码过去一段时间内一起出现的概率。相关系数定义如下：相关系数=a、b同时出现次数或期数/(a出现次数或期数+b出现次数或期数)×2×100；相关总值是一组号码中任意两个号码相关系数之和，相关系数跟分析的范围有关，即使是相同的两个号码在不同分析范围内得出的相关系数也不同，同样，相关总值也是如此。

（27）高概率号码、低概率号码、理论概率号码：高概率号码是指在指定分析范围内中奖次数较多的号码，低概率号码是指在指定分析范围内中奖次数较少的号码，理论概率号码是指结合高低概率及每个号码出现的情况计算的一种相对概率，因为高概率号码不一定是下期最有可能出现的号码，低概率号码也不一定是下期最不可能出现的号码，理论概率在一定程度上反映了下期最有可能开出的号码。

（28）奇偶比：某注号码中奇数号码个数与偶数号码个数之比，或称单双比例。如号码：01、09、12、17、24、33，则奇偶比为4：2。

（29）个位、相同个位（同尾）：个位，即只拿开奖号码的个位数考虑，考虑出现哪些个位数，如号码：01、09、12、17、24、33，出现的个位为如下号码：1、9、2、7、4、3。相同个位指某注号码中有两个及两个以上号码的个位相同，则这个个位数被称为相同个位。

（30）高低尾：高尾码是指尾数为5~9的号码。例如15、16、26、27等；低尾码是指尾数为0~4的号码。例如01、02、13、14等。

（31）邻近号码（斜位码）：相对于上期号码而言，比上期某个号码值小1或大1的号码称为邻近号码（斜位码）。如上期开出号码08，则号码07、09分别为上期号码08的左邻近号码（左斜位码）和右邻近号码（右斜位码）。

（32）数据密度：一注号码的合分值与间距总和的比值，即合分值/间距总和。

（33）号码间距：两个号码之间的差值。

（34）最大间距：所有相邻的两位号码的间距值中的最大值。

（35）首尾间距：最小号与最大号的差值。

（36）间距密度：一注号码的间距总和与最大间距的比值，即间距总和/最大间距。

（37）质数：除了能被1和它本身整除以外，再不能被其他自然数整除的自然数，1 除外。

（38）对称码：以 34 为基本数，相互对称的两个号码之和为 34，例如 20 的对称码是 14；15 的对称码是 19。

## 二、福彩 3D

（1）012 路：在数字三型彩票中把除三余零的数字定义为 0 路，把除三余 1 的数字定义为 1 路，把除三余 2 的数字定义为 2 路，即：

0 路包括的数字：0、3、6、9；

1 路包括的数字：1、4、7；

2 路包括的数字：2、5、8。

（2）定胆：定出最有可能出的数，又分金胆号和银胆号。

（3）杀号：将下期开奖中几乎不会出现的数字删除，可以大大缩小选号范围，因此深受彩民喜爱。

（4）和值：开奖号码的总和。

（5）奇偶：奇：1，3，5，7，9；偶：2，4，6，8，0。

（6）大小：小：0，1，2，3，4；大：5，6，7，8，9。

（7）质数：和数学里的质数基本一样，但为了平衡质数与合数，系统将 1 也认定为质数，即 1，2，3，5，7。

# 第二节　双色球定律分析与揭秘

## 一、定律

定律一：双色球奇偶比大多数为 4∶2 或 3∶3。

解析：根据对双色球奇偶比走势图的观察发现，双色球奇偶比为 4∶2 和

3∶3居多。我们可以观察前面五期的奇偶比来推算本期的奇偶比，这样可以减少投注资金，并提高中奖概率。

定律二：和值以120为轴线做正弦曲线振荡。

注意：上期是小和值，本期要关注比较大的和值，反过来也一样。

定律三：一区有规律的断档。

如果近一段时间号码比较平稳，要适当采取断档选号，缩小选号范围，提高中奖概率。

定律四：蓝球号码具有平行四边形法则。

定义：连续四期蓝球号码不定时会构成一个完整的平行四边形，这一现象称为平行四边形法则。

定律五：本期蓝球号码大多数在上期红球号码周边。

注意：说蓝球号码大多数在上期红球号码周围，并不是紧挨着红球，而是有时会隔一两个号码，有时和红球一致。

## 二、红球揭秘

### （一）红球隔期给号

彩民朋友在翻看开奖号码走势图时会注意到，许多奖号都是近期出现过的号码，按十期为一个标准周期的话，有些号码多则出现六七次，少则出现一两次。在每期摇奖后产生的冷号，多数情况下有1~2个，甚至会形成空缺，而其他正选数字都是在十期以内出过的号码，这些号码就是温号和热号。

红球奖号除了经常出现与上期相同的遗传号码外，肯定还会出现隔一期至十期给出过的号码，这种现象称为隔期给号。

### （二）十种投注方法

1. 用排除法来选择号码

将33个号码出现率排列出来，排除那些出现率比较低的号码，排除号码的依据是新旧号码出现的比率，如果旧号（五期以内的开奖号码）出现率占比大，那么超过五期的号码就可以排除。

2. 用连码来选号

先看三十期连码走势图，然后观察哪些号码是关联性比较强的号码。比如19出号机会大，那么不妨考虑19的连码18、19或19、20。连码出现概率在80%左右，由于它常见，所以选号时首选连号。

3. 重复码选号

重复码是指连续开出的号码。其中二重码、三重码出现的概率相对比较高。在选号时千万不要忽略重复码。如果把握住了重复号码的出现规律和出现比率，那么，离中奖就近了。

4. 热冷码搭配选号

热码是出现频繁的号码，而冷码是出现频率比较低的号码。由于开奖号码不可能全部开出热码或者全部开出冷码，在选号过程中，最好将热码和冷码有机地结合起来。可以考虑三个热搭配三个冷，或四个热搭配两个冷的组合。

5. 数学计算法选号

依据概率学原理，将33个红球以往出现的频率计算出来，并把出现的次数除以期数，求出这些号码每一期出现的概率。比如08在十期摇奖中出现了两次，用2除以10得出0.2乘以100%，即08号出现的概率是20%，并依照它的热冷程度决定取舍。

6. 守号法

选几注固定的心水号码重复投注。有不少彩民朋友就是用这种守株待兔的守号方法中得大奖。

7. 逆向思维选号

当选出心水号码之后，再选一注你认为不可能出的号码，说不定会有意想不到的收获。

8. 调整法

彩民经常有选17出16、选18出17的遭遇。所以，当你选出心水号码后，不妨用调整法再选一注。调整法就是对所选号码前后加一或减一。但是要注意同尾数号码的搭配。

### 9. 重点出击

经过几种方法论证某个号码出现概率非常大的时候，那么可以选定它做胆码来胆拖；或者认为可能出现若干号码的基础上，用复试或旋转矩阵投注。

### 10. 幸运法

机选，或者用生日号码和其他你认为有感觉的号码来投注。如果运气好，大奖就是这样幸运地诞生了。

### （三）选定重号的重要标准

选定重号有个重要标准：理论上每期平均出的重号数 0.18×6=1.08 个。查看走势图也可以发现重号平均每期一个。十一期统计，重号最多十七个，最少六个，平均十二个。每期出两个以上占 1/4 左右，出三个占 1/20 左右，出零个占 1/4 左右，出一个占 1/2 左右。平均有六个重复号码，就有一个竖连三；平均有六个竖连三，就有一个竖连四。

实际应用中，首先判断下期出几个重号，不但要看零遗漏在整个遗漏里的走势，还要看每期原始记录的变化；其次是重号的十一期统计，包括十一期的数量以及与平均值的差，相邻两期数量的差以及这个差的升降步数。还有一点需要注意的是每期相同竖数的变化。如果上期没有相同的竖隔数，下期要考虑补上。出现相同的竖隔数，首先应考虑重号。

## 第三节  福彩 3D 定律分析与揭秘

### 一、试机号定律

对于试机号而言，有一条定律可以稳赚不赔。

对于试机号，不少彩民朋友和专家总结了各种各样的使用方法，如试机号定胆、试机号杀号、试机号的关注码和金码等。通常情况下，在全部开奖中，试机号和中奖号重复一个的情况占据了70%以上，可从试机号中选择一个作为开奖号码的胆码。

## 二、黄金铁三角定律

0、3、7三个数字是3D中的黄金铁三角，出现概率极高。彩民可以通过这一定律定出胆码。

## 三、012路定律

012路在彩票当中不仅是一个重要的参数指标，而且还是选号定号的一种方法。

0路号码：0、3、6、9；

1路号码：1、4、7；

2路号码：2、5、8。

判断百、十、个位出哪路号码，即缩小选号范围，提高中奖概率。

012路的规律：

1. 顺连开

当近期开出0-1-2或1-2，从小到大形态的时候，称为顺连开。它只有一种可能性，比较少见。

2. 数全开

连续开012路或者12路中并非从小到大排序的任意一种组合形式。

012路全开组合：021，102，120，201，210。

12路全开组合：21。

数全开规律产生以后，之后走重复路线的概率比较高。

3. 旺者恒旺

往往追热不追冷，最经常开的就要跟，这种情况越是旺盛越可能开出。

4. N挟一

几个相同数字带着另一个数字，称为N挟一。例如：211，112，001，002。

它可能同时出现多种相同情况。

5. 对补数

012路对补数有两种形态，"对数"和"补数"。

对数形态：1-0，2-0，2-1（第一比值大于第二比值）；

补数形态：1-2，0-1，0-2（第一比值小于第二比值）。

例如：上期开2，那么下期开0，再下期开1，形成201全开路数的同时，又是20-01对补形态，近期多开此形态，就要去跟了。

## 四、0369定律

0369四个数字，出现概率极高。彩民可以通过这一定律定出胆码。

## 五、揭秘选三型彩票

选三型彩票是彩民们最热衷的彩种之一，可是，每一位彩民都去研究走势图，中奖的却寥寥无几，这是为什么呢？

真的是有内幕存在吗？

答案是否定的。

彩票里边包含着数学、物理学、概率学和统计学四门学问，它既是一种娱乐游戏，也是一种益智游戏，更是一门学问。

## 六、如何科学预测选三型彩票

彩票只有短期的规律，没有长期的规律。规律呈现不规则状、离散状、混乱状，偶尔在短期内形成奇妙的图形。那么，选三型彩票如何进行分析和预测呢？下面揭开这个秘密。

1. 科学性

用科学的方法选择号码是中奖的基础之一。然而科学会渗透在多个角度，如余数、振幅、AC值、遗漏值、重号、邻号、物理随机、概率随机、统计等，不同的属性具有不同的规律。利用余数得出012路数值,观察走势振幅与AC值号码的难易程度,考虑遗漏值的定向指标,重号的落号取向,加上物理随机、概率统计所产生的超负荷数据,才是开奖号码的产生依据。这样说起来是不是感觉好复杂,有些失去信心了呢?

知难行易,首先把难点"放进脑袋",其次想办法破解难。这样就可以一步一步地迈向成功了。

2. 选三型彩票的秘密及投注策略

(1) 十个号码,开出三次,10是基数,$10×5/3=17$(取整数),$10×6/3=20$,即是最大遗漏值为17~20期。这套公式在彩市中有一定的参考价值,当发现超过或接近最大理论遗漏值的时候,就可以跟进这个号码了。

(2) 看图法。通过对组选图或三个位置的分位走势图进行观察,从而找出备选号码进行投注的方法。看图法比较直观、简单,适合于各年龄段、各种文化层次的彩民。通过组选图可以观察号码的遗传与斜连特征,从而寻找合适的胆码;通过分位图,利用历史数据,观察号码的对称或非对称特征,再根据相似性原理,确定每个位置的高概率号码等。但不管怎样去看图,看图者本人的主观感觉对于中奖率的高低起决定性作用,图形走势上并没有确定的规律性可言。

(3) 绝对差值法。相邻奖号绝对差值的和尾可排除,本期中奖号码与上期中奖号码按位相减绝对值的相加之尾下期可排除。

(4) 胆拖组选法。组选3复式包号投注法组选3号码占所有号码的27%,从计算概率上讲四期左右就会开出一次组选3号码。当连续多期未开出组选3号码时,可及时跟进投注组选3,当然彩民可以根据经济情况排除部分号码进行投注,收益更可观。由于以任意一个号码为"胆"的号码共有55注,其中有1注直选的"三同",18注组选3和36注组选6号码。通过分析开奖号码,选定一个"胆",采用"胆拖"组选方式投注,只要开奖号码有"胆",即可中奖。

(5) 和值投注法。投注号码是由0~9十个数字组成的三位数号码,三个数字相加之和称为和值,和值有效投注范围为0~27,共28个投注值。投注时通过跟踪分析,把选定的和值包含的所有号码进行投注,为了减少风险和资金压力,可先组选,投注几期后改直选,既可节约资金又可达到盈利的目的。

(6) 形态投注法。这个方法是对以往数据的分析产生的,把号码分组,对开奖号码三位数的大小、单双等组合形态进行分析跟踪，由于大小、单双形态分别都各有八种形态，即大小形态有：小小小、小小大、小大小、大小小、小大大、大大小、小大大、大大大；单双形态有：双双双、双双单、双单双、单双双、单单单、单单双、单双单、双单单。每种形态 8 期为一周期，跟踪开奖号码，当某两种形态已有 2~3 个周期未开出，可适时跟进。彩民还可以通过自己的分析和判断，选择不同组合进行投注，如两中加一大的组合。

（7）定位投注法。根据历史开奖数据，统计在一、二、三位之上的某个长期未开出的号码为胆码，其余两位 0~9 进行全包，称为定 1 包 2，若确定某两个位置的号码为胆码，其余一位 0~9 进行全包，称为定 2 包 1。

（8）特殊号码法。特殊号码法指利用生日、身份证号码、信用卡号码、手机号码、QQ 号码、车牌号码、结婚纪念日、幸运号码和其他纪念日中的部分（其实是 3 个）号码作为投注号码。采用特殊号码投注，不仅便于彩民记忆，同时也赋予其每天的平淡生活更多的乐趣。

（9）数值推断法。判断和数值范围是基础。根据和数值走势确定下期和数值出现的范围，然后列出点位的号码组合进行筛选，去掉出现概率较低的号码，选出可能性较高的号码投注。一般而言，判断和数值走势以依 1 点、依 2 点法为主，如果将和数值范围过分扩大，投注成本会较高。在确定和值范围时要注意以下问题：

1）根据和数值历史走势，确定下一期的和数值范围。

2）要充分把握和数值走势的若干特征，如和数值围绕中心值 13 点上下波动，当和数值处于较低的点位时，都会引发下期强劲的反弹；而当和值处于中心值附近时，一般情况下变化幅度不大。

（10）位差分析法。位差指的是个、十、百位三个号位上的其中一个号位上的号码与另一个号位上的号码相减的差。即有"百位减十位""百位减个位""十位减个位"三种数据可供分析。对于位差的分析，除了考察某一冷和值外，还要考察和值的冷距离或冷跨度。可以用以下三个词来总结：点、跳、平。

点：即冷点，比如十位减个位等于 1 已连续多天未出现了，我们可以密切关注这个差值。当然，在关注数的同时，重点是结合它们的不同出号周期。比如十位减个位等于 1 与十位减个位等于 3，如果同时冷到 50 天未出，则前者就成了必追之冷，而后者却只能作为观望指标，远远未达到追捧的时候。

跳：即点位距离的冷态。比如十位减个位的差距离已连续多天未出现距离为 1 的情况，而如果本期和值为 5，下期即可关注差值为 4 或 6。

平：即重复点位。一般情况下，任意两个号位的差平均每 10 天左右就会重复一次，如果某两个号位上的差连续 40 天未发生重复现象时，我们就可以采取几追几的方案了。

以历年开奖号码作为可行依据，概括出选三型彩票中的重要依据和规律，解密一些也许很多人没有注意到的秘诀。

# 第二章　辅助工具

## 第一节　魔　图

### 一、魔图简介

#### （一）魔图来源

魔图来源于一位彩民。小罗是多年的老彩民，菠萝彩的老用户。他在彩票站认识了退休彩民老陈，老陈是彩票站的常客，据彩票站老板说，老陈每天买排列三，每次不过二十注组六计划倍投，甚至有时是直选多倍投注。令小罗不敢相信的是，老陈近一年居然中奖接近100万元！看来是遇到大神了，小罗自此每天泡在彩票站，主动接近老陈，没多久就和老陈成了朋友。不过要搞定老陈可不是一件容易的事情，毕竟别人不会把自己的中奖技术告诉你的，经过三番五次的纠缠，老陈才告诉他：他买彩票已经十几年了，十几年来亏了不少钱，几乎没怎么赢过，直到最近两年，发现了一些规律才开始赚钱的。至于什么规律，老陈自然不愿意说，不过老陈给小罗开出了一个条件：我不会给你我的号码，但你要知道我的方法可以，这周你看我中多少钱，你给我多少钱，我就把方法告诉你，以后中不中就是你的事情了。小罗一听，反正能中奖，也就答应了。

一周以来，老陈频频中奖，七天连中五次（倍投），共中得 1.5 万元。小罗惊讶的同时也暗自庆幸：还好这钱我付得起！

于是老陈也兑现了承诺，把他的魔图给了小罗，并告诉他一些方法和技巧……直到小罗掌握了一些方法，并传授给了菠萝彩，自此，魔图公诸于众。

老陈还告诉小罗：你要用纸画，画破六张纸以后才能找到感觉，这不是一朝一夕可以练成的，也不是靠数学公式可以"套住"的，更多的是通过这张图，掌握这些方法并长期实践找到的结果。

老陈现在的水平已经达到出神入化的境界了，也许这是我们见过最强大的彩民了吧！他现在画图可以画出单注直选，并且隔三岔五就可以中奖。

### （二）神奇之处

魔图确实很神奇，它由数字图和方块图两部分组成，神奇之处不在于数字图本身，数字图其实没什么，但它是这套数学模型的基础，方块图则是应用到数字图的关键，而方块图如何套入数字图有很多方法，比如定胆法、杀号法等，这样一来，它的神奇之处就显现出来了。

### （三）需要说明

魔图只对组六有用，而组三和豹子之类的开奖号则无效，不过组六的中奖概率比组三和豹子都多，所以自不必担心，做好资金计划，理性投入，一定可以中奖。

笔者领悟出一套组三也可以使用的方法，在后边的选号中会举例分析。

## 二、魔图的基本应用

魔图分为数字图和方块图，中间部分的数字加粗放大，并在其范围内套上了框，称为小魔图。外边一层字体偏小，整张就形成了大魔图。最常用的是小魔图，尤其是中间四行数字，称为核心魔图（也叫中间图），大魔图基本不用，因为它涉及面比较广，只可以做参考，不做核心选号使用。

方块图分成 ABCDE 五组，每期的开奖号码都会在五组图形中变换。

图 2-1　数字图

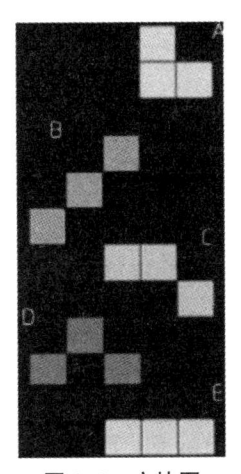

图 2-2　方块图

举一个例子：

以福彩 3D18001 期开奖号码 326 为例。

分别开出了 ACE 三个图形。

清晰地找到上期方块图套入数字图所出现的位置和图案后，就可以通过各种方式判断下期开奖号码的图形，这是一个有趣的过程，而且有方法、有技巧。

18001 期开出：326，在 236 旁边出现 289。

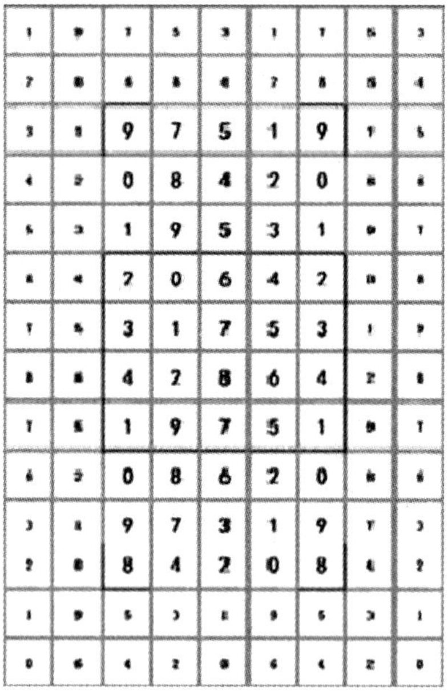

图 2-3　图例

## 三、魔图概率详知

为了更好地判断和延伸应用技术，我们进行 5 个图形中每个图形的概率统计。

图形爆出统计，共统计 1000 期｛14274 期至 17199 期｝。

A 图形共开出：405 次，开出概率：40.50%。

B 图形共开出：251 次，开出概率：25.10%。

C 图形共开出：537 次，开出概率：53.70%。

D 图形共开出：424 次，开出概率：42.40%。

E 图形共开出：247 次，开出概率：24.70%。

可以看出，ACD 3 个图形开出率很高，其中 C 图开出率最高，因为 C 图可以变化的图形最多，所以覆盖面最广。每期选号，可以从这几个图形中优选。

图形爆出个数统计，共统计 1000 期 {14274 期至 17199 期}。

开 1 个：136 次，开出概率：13.60%。

开 2 个：155 次，开出概率：15.50%。

开 3 个：303 次，开出概率：30.30%。

开 4 个：111 次，开出概率：11.10%。

开 5 个：13 次，开出概率：1.30%。

从上边统计情况可以看出，每期同时开 3 个图形的概率最高，开 5 个图形的概率最低，几乎可以忽略不计。

共统计 1000 期 {14274 期至 17199 期}，开 A 图形之后：

下期再开 A 图形：223 次，开出概率：22.30%。

下期再开 B 图形：145 次，开出概率：14.50%。

下期再开 C 图形：306 次，开出概率：30.60%。

下期再开 D 图形：243 次，开出概率：24.30%。

下期再开 E 图形：140 次，开出概率：14.00%。

接下来进行"图形跟随统计"。什么是跟随统计呢？比如上期开出 A 图形，下期开什么图形的可能性最高呢？使用跟随统计来辅助选号，也是很有帮助的。

共统计 1000 期 {14274 期至 17199 期}，开 B 图形之后：

下期再开 A 图形：143 次，开出概率：14.30%。

下期再开 B 图形：93 次，开出概率：9.30%。

下期再开 C 图形：185 次，开出概率：18.50%。

下期再开 D 图形：143 次，开出概率：14.30%。

下期再开 E 图形：89 次，开出概率：8.90%。

共统计 1000 期 {14274 期至 17199 期}，开 C 图形之后：

下期再开 A 图形：296 次，开出概率：29.60%。

下期再开 B 图形：189 次，开出概率：18.90%。

下期再开 C 图形：398 次，开出概率：39.80%。

下期再开 D 图形：312 次，开出概率：31.20%。

下期再开 E 图形：188 次，开出概率：18.80%。

共统计 1000 期｛14274 期至 17199 期｝，开 D 图形之后：

下期再开 A 图形：225 次，开出概率：22.50%。

下期再开 B 图形：145 次，开出概率：14.50%。

下期再开 C 图形：314 次，开出概率：31.40%。

下期再开 D 图形：247 次，开出概率：24.70%。

下期再开 E 图形：149 次，开出概率：14.90%。

共统计 1000 期｛14274 期至 17199 期｝，开 E 图形之后：

下期再开 A 图形：149 次，开出概率：14.90%。

下期再开 B 图形：90 次，开出概率：9.00%。

下期再开 C 图形：182 次，开出概率：18.20%。

下期再开 D 图形：146 次，开出概率：14.60%。

下期再开 E 图形：85 次，开出概率：8.50%。

经过上边所有图形的爆出率统计和跟随统计结果显示：任何情况下都是 ACD 3 个图形能开出的概率最高，因为它们不是平等概率。这样的话，在选择近十期或者近二十期的统计时，利用偏态法基本可以锁定 1~2 个图形，并且侧重选择 ACD 图形。

## 四、魔图使用方法

方法一：经典大底法。

第一步：找出上期的开奖分布图。

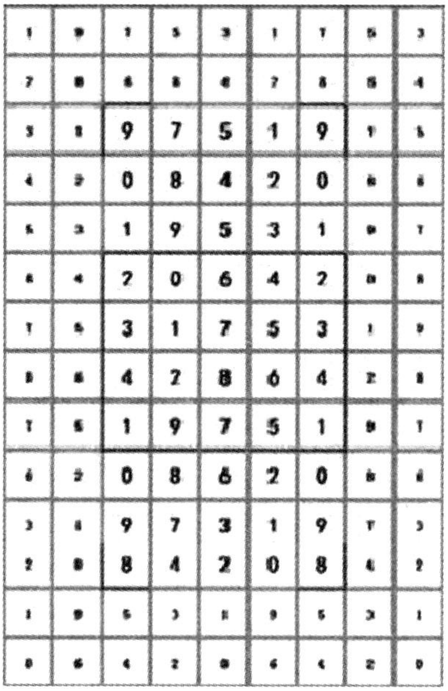

图 2-4 开奖分布

第二步：先画 C 图形。

由于 C 图形爆出率最高，而且可以画的图形也最多，所以必须从 C 图形开始。

除非你认为下期会开全奇偶，如果是，那就非常简单了，直接在本期开奖号码分布图附近画 E 图形就可以了。

在上期开奖号码旁边先把 C 图形画出来，应该可以画三四十注，不必去管小魔图的中间部位还是上下部位，全都画。

第三步：中间再画。

| 2 | 0 | 6 | 4 | 2 |
| --- | --- | --- | --- | --- |
| 3 | 1 | 7 | 5 | 3 |
| 4 | 2 | 8 | 6 | 4 |
| 1 | 9 | 7 | 5 | 1 |

图 2-5 中间画

已知小魔图中间部分经常有方块图的号码，而通过第二步已经画出了各种 C 图形，C 图形已经成为大底，那么在这里不再画 C 图形，但是 ABDE 图形必须与

025

之前画的 C 图形结果的号码一样。

举例：

在第二步我们画出了 026，249，578，289……

假设这些都是 C 图形画出的大底，那么在中间位置画其他图形也必须是 026，249，578，289……这些号码其中的号码，不能出现与大底无关的号码。

第四步：交集保留。

假设通过第二步 C 图形选出 026，249，578，289……又通过第三步其他图形选出 289，578……两注号码，这两注号码与大底完全一样，那么这两注号码就是投注号码。

其他变异图也可以使用这种画法。

方法二：定胆法。

第一步：找出上期的开奖分步图。

第二步：定胆。

可以用自己的定胆方法定出 1~3 个胆码，但是越少越好，胆码至少出一个，这样在画图的时候就很容易了。

举例：

我们定出 1，3，5 三胆：

| 9 | 7 | ⑤ | ① | 9 |
|---|---|---|---|---|
| 0 | 8 | 4 | 2 | 0 |
| ① | 9 | ⑤ | ③ | ① |
| 2 | 0 | 6 | 4 | 2 |
| 3 | 1 | 7 | ⑤ | ③ |
| 4 | 2 | 8 | 6 | 4 |
| 1 | 9 | 7 | 5 | 1 |
| 0 | 8 | 6 | 2 | 0 |
| 9 | 7 | 3 | 1 | 9 |
| 8 | 4 | 2 | 0 | 8 |

图 2-6 定三胆

这三胆至少会出一个，那么就可以在所定出的胆去画图形，如果认为只出一个，画的时候就覆盖一个，如果判断出两个，就覆盖两个，这样，号码就很容易画出来。

定胆法也包含了012路、奇偶、质合、大小等，其中012路确定后可以画的注数比较少。

方法三：和值法。

第一步：确定几个和值、和尾或和值奇偶。

可以先确定几个和值或者和尾，最好确定和值奇偶，如果不能，则在白纸上写出10个和值或是5个和尾。

| 9 | 7 | 5 | 1 | 9 |
|---|---|---|---|---|
| 0 | 8 | 4 | 2 | 0 |
| 1 | 9 | 5 | 3 | 1 |
| 2 | 0 | 6 | 4 | 2 |
| 3 | 1 | 7 | 5 | 3 |
| 4 | 2 | 8 | 6 | 4 |
| 1 | 9 | 7 | 5 | 1 |
| 0 | 8 | 6 | 2 | 0 |
| 9 | 7 | 3 | 1 | 9 |
| 8 | 4 | 2 | 0 | 8 |

图 2-7　和值、和尾

第二步：画图看和值、和尾。

事先已经预测了10个和值或者5个和尾，就要开始画图了，仍然要在中间，当期开奖号码附近画，画出来的和值、和尾和奇偶必须与设定的值一样才可以保留，这样就能够缩小范围。

方法四：过滤法（数字三分析家结合法）。

过滤法是一种最简单的方法，要利用数字三分析家（http://www.polocai.com/3a）。

有关数字三分析家的相关内容，之后我们会做讲解，先看魔图在数字三分析家当中是如何应用的？

进入过滤缩水界面，菠萝彩超级条件第 3 页：菠萝彩魔图自选图形，假如认为下期会开出 ACD 图形组合，就选中复选框。

点击过滤以后，剩下组选六 44 注。

在选号时，也可以选择直选，就是组六分解后的直选了。还可以利用数字三分析家软件自带的功能进行过滤缩水。

数字三分析家（先睹为快）：

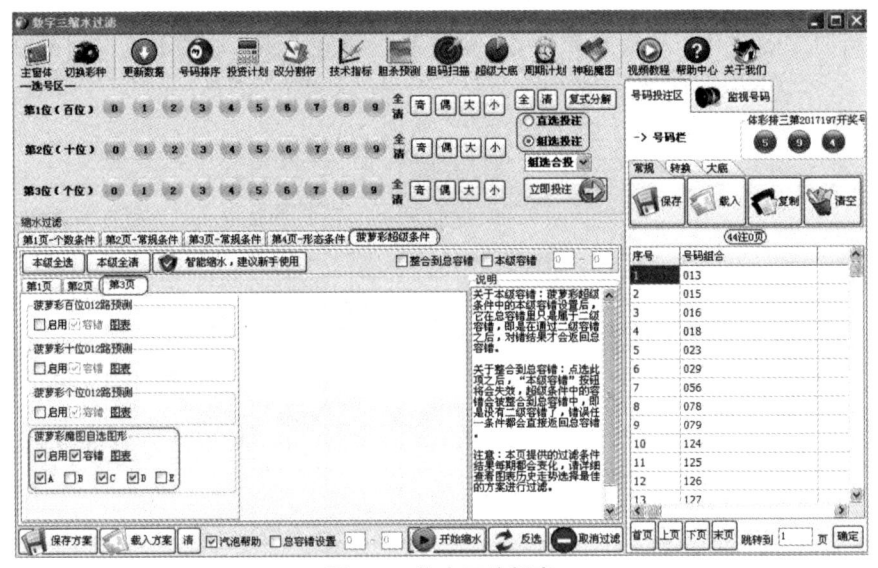

图 2-8　数字三分析家

方法五：方法合成。

方法合成，就是利用大底法和定胆法综合应用，达到最少的注数中奖。

举例如下：

第一步：找出上期的开奖分步图。

第二步：先画 C 图形。

画出了 036，239，457，145，367，679，256，568，267……

第三步：中间再画。

画出了 145，457，267，026，126，568，

| 9 | 7 | 5 | 1 | 9 |
| --- | --- | --- | --- | --- |
| 0 | 8 | 4 | 2 | 0 |
| 1 | 9 | 5 | 3 | 1 |
| 2 | 0 | 6 | 4 | 2 |
| 3 | 1 | 7 | 5 | 3 |
| 4 | 2 | 8 | 6 | 4 |
| 1 | 9 | 7 | 5 | 1 |
| 0 | 8 | 6 | 2 | 0 |
| 9 | 7 | 3 | 1 | 9 |
| 8 | 4 | 2 | 0 | 8 |

图 2-9　开奖分步图

256……

第四步：交集保留。

交集号码有：145，457，267，568，256……

第五步：定胆。

定胆：135。

保留号码：145，457，568，256。

方法五是笔者结合前边两个方法总结而成，这样可以在保证准确率的基础上，减少投注注数。

## 第二节　双色球分析家

双色球分析家是个性化较强的软件，使用起来与其他缩水预测类软件不同，本软件功能主要分为三个部分：运算/过滤、指标/数据、杀号/预测。

运算/过滤：对互联网40多种过滤算法及笔者研究的算法进行整合，对每条公式都有详细的说明，可以一目了然，每期都会不断地增新公式。如果有把握，可以自行设置条件过滤；如果没有把握，也可以按照验证过的高效算法过滤，推出高、中、低三个过滤缩水，缩水率最高可达98%，将不可能出现的垃圾注清除，可以以最少的注数，购买最高质量的号码。

指标/数据：将所有红蓝球数据进行统计，统计内容包括期号、总期数、AC值、个十、大小、奇偶、除三、奇数和、总和、连号、重号、三区比、极距、五行、先天八卦数、总平均值、螺旋体范围、冷热号、奇偶偏态、大小偏态、总和偏态、杀红号、遗漏数据分析、出号数据分析等。

杀号/预测：目前提供红蓝球杀号预测、三区比预测、奴隶围蓝、大底围红、离散胆杀、自动出胆、九宫图围红、胆尾公式、六行六列等，准确率相当高，公式参数均可自由调整，软件还可以搜索出错率最低的参数，方便捕捉短期规律。

# 一、过滤部分

## （一）多位过滤

多位设置。同样是从小到大的红球进行排序，与定位过滤不同的是它可以进行多位置选择，使用更加灵活。

例如：红1、红2中会出现01 02 03这些号码，则可以在这里进行设置：1 2，01 02 03，1-2。

上面的公式就表示第红1红2位红球条件组：01 02 03会出现1~2个号码。

## （二）过滤：号码形态

号码形态，即号码的奇、偶、质、合、大、中、小、012路等组成的形态。

如全奇数号码形态，表示为：奇，奇，奇，奇，奇，奇。

本软件功能不仅可以单独过滤一种形态组合，还可以过滤多项形态交叉组合，甚于还可以采用"N/A"来设置不选状态。

例如，交叉形态：奇，质，合，大，0路，偶。

不选形态：N，质，合，N，N，偶（例子中的N即是指第1、第4、第5位可以是任意号码属性，而第2、第3、第6位则需要达到条件才会被过滤）。

## （三）过滤：号码条件比对

号码条件对比。下一期开奖号中条件组A 01 02 03 04所开出的号码会比另一条件组B 05 06 07 08 09要多一些，具体几个不清楚，那么可以将本功能设置为：01 02 03 04>05 06 07 08 09，这样软件会帮助你保留条件组A出号个数多于条件组B的号码。

## （四）定位红尾缩水

1~6位的尾数以定位的形式设置，如第一位看好1、3、5、7尾，就可以勾选第一位1、3、5、7尾。

## （五）不定位红尾缩水

不定位尾数设置，就是胆尾集合，可以设置出尾个数，也可以设置出号码个数，如看好0 1 5 6尾号码，可以设置为V：0 1 5 6=1-3或设置H：0 1 5 6=2-4。

## （六）独杀三区比缩水

三区比是指双色球三个区域的出号比，本设置就是以排除三区比的方法来缩减号码。如排除三区比1∶2∶3。

## （七）监视号码工具

写入一注号码，在过滤时就会监视这注号码被哪个条件过滤掉了，可以清楚地看到错误在哪里。

## （八）缩水推荐37%与82%两项

是软件推荐的过滤条件设置。缩水率37%左右的较为稳定；缩水率82%左右的属于常用条件设置。

## （九）三区遗漏过滤法

将当期的所有遗漏值分为三区：

A区有0~2遗漏的号码；

B区有3~6遗漏的号码；

C区有7~n遗漏的号码（即大于或等于7的遗漏）；这样就成为了遗漏值三区比，分成了A∶B∶C共28种模式：

模式1：3∶2∶1；

模式2：3∶1∶2；

模式3：2∶2∶2；

模式4：4∶1∶1；

模式5：2∶3∶1；

模式6：2∶1∶3；

模式 7：4∶2∶0；

模式 8：1∶3∶2；

模式 9：3∶3∶0；

模式 10：3∶0∶3；

模式 11：4∶0∶2；

模式 12：5∶0∶1；

模式 13：5∶1∶0；

模式 14：1∶2∶3；

模式 15：1∶4∶1；

模式 16：2∶4∶0；

模式 17：1∶1∶4；

模式 18：0∶3∶3；

模式 19：6∶0∶0；

模式 20：2∶0∶4；

模式 21：0∶4∶2；

模式 22：1∶5∶0；

模式 23：0∶2∶4；

模式 24：0∶5∶1；

模式 25：1∶0∶5；

模式 26：0∶1∶5；

模式 27：0∶6∶0；

模式 28：0∶0∶6。

常用的模式 1~2 占出号比率：26%；

常用的模式 1~5 占出号比率：54%；

常用的模式 1~9 占出号比率：75%；

常用的模式 1~16 占出号比率：96%；

其余的模式 17~28 占出号比率仅 4%。

因此，可以以此来选择保留的模式，一般情况下 17~28 可以忽略不选。

## (十)尾数组合过滤

杀尾数组合,即是设定的定位尾数组合就过滤。

例如:设定值是:G∶1 2 3 4 5 6。

那么开奖号码是:01 02 13 14 25 26。这组开奖号码的尾数与设定值一致,所以会被过滤!前面的"G∶"即是指要过滤,如果是"B∶"则为保留,上面的开奖号若是B∶1 2 3 4 5 6,则不会过滤01 02 13 14 25 26这注开奖号码,反而是保留它。

也可以这样设置:G∶6 N N N 2 3,表示按开奖大小顺序第一位尾数为6,第五位尾数为2,第六位尾数为3,当开奖号码为06 11 18 19 22 33时,这组号码就会被过滤,若设置为B∶6 N N N 2 3,则保留这样的尾数组合。

## (十一)编号过滤

编号过滤分为编号数头和编号数尾过滤。

# 二、图表部分

(1)尾数同出统计表。

(2)定位尾数同出统计表。

(3)编号统计。

(4)号码同出统计。

# 三、预测部分

1. 19式定位杀号(红蓝球)

利用19条公式的参数变动来决定某个位置的红球是杀还是胆。

2. 跨度围红工具

跨度围红只做范围围红,与大底围红不同的是很少可以围中六红,但是在围住的红球范围内有较强的规律。

### 3. 离散胆杀工具

与19式杀号道理差不多，都是以参考来定制公式，是一个取胆和杀号双重工具。

### 4. 九宫图围红工具

将红球定位分成四区，然后预测该区域会出的号码。

### 5. 第1胆尾区、第2胆尾区

两条不同的公式计算出的胆尾范围。

### 6. 奴隶围蓝工具

算法是由N条公式碎片组成，多条正确率很高的公式碎片组成一系列蓝球，用来作为蓝球大底。

### 7. 大底围红工具

本算法采用的是杀尾数余留红球的方法。

### 8. 离散胆杀之自动取胆区

本工具会自动取出10个胆组，格式为：01 02 03 04 05=1-4。可在自设条件组中设置作为过滤条件，也可作为大底，约90%的准确率。

这是根据多期测试而来，因为运算复杂，无法进行上千期历史统计。共10个胆组，分为A算法和B算法两种方式取胆，自动取胆后，前2个胆组为A算法，默认条件为0~3个，其他8个为B算法，默认条件为1~4个，经多期测试结果得知：

A、B算法最安全的设置条件为：0~4个；

A算法一般出号个数为：0~1、1~2，少数情况下会出现3~4个；

B算法一般出号个数为：1~2、2~3，少数情况下会出现4个或0个。

注意：几乎不会出现5~6个。

如果想缩水缩得更少，可以按照以上所说的出球个数进行设置。如果不懂设置，无须理会本说明，直接默认作过滤条件即可。

### 9. 新手模式：全方位缩水引导

简单的新手引导模式，适合初次玩彩票软件的彩友。一步步引导从选号到过滤直到出号。

### 10. 龙头凤尾预测

## 第三节 双色球定位胆排序

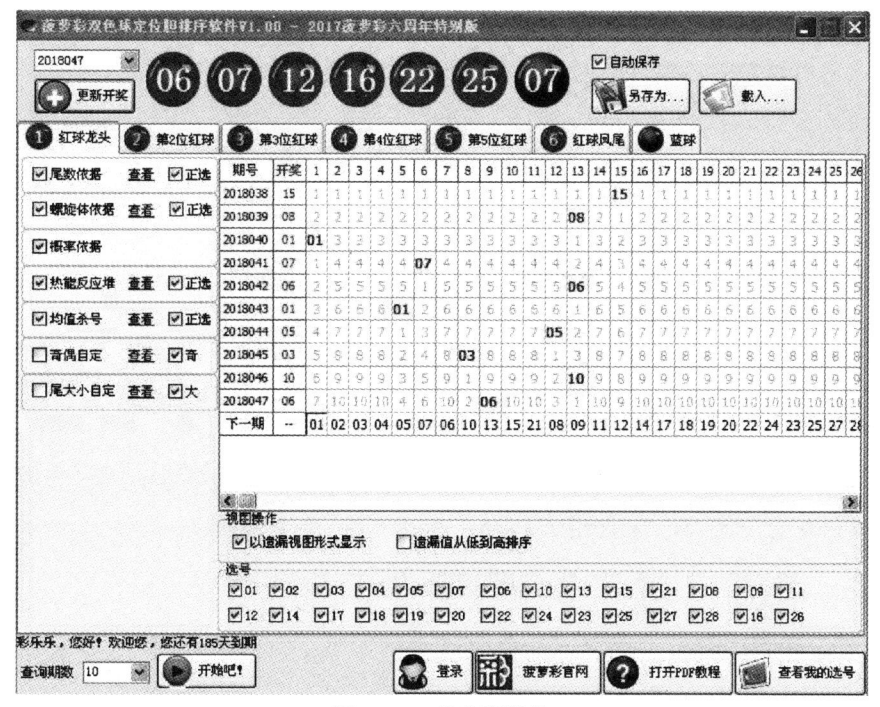

图 2-10 菠萝彩软件

双色球定位胆排序软件，就是将双色球的六个号位做定位分析选择，将每个位置的号码都做一个范围，而且排列靠前的就是开奖号码，这就是本软件的定义了。

## 一、开奖数据

图 2-11　更新

点击更新开奖，则可以更新到最新数据，下拉可以调整期数，方便验证。

## 二、保存方案

图 2-12　保存

默认为自动保存，一秒保存一次，下次打开还是原来的选择。另存为或载入可以另外保存方案（tst 文件格式）。

## 三、条件选择

图 2-13　条件选择

通过尾数、螺旋体、概率、热能反应、均值杀号等条件的设置，右侧的排序表也会随之发生改变。

| 期号 | 开奖 | 1 | 2 | 3 | 4 | 5 | 6 | 7 | 8 | 9 | 10 | 11 | 12 | 13 | 14 | 15 | 16 | 17 | 18 | 19 | 20 | 21 | 22 | 23 | 24 | 25 | 26 |
|---|---|---|---|---|---|---|---|---|---|---|---|---|---|---|---|---|---|---|---|---|---|---|---|---|---|---|---|
| 2018038 | 15 | 1 | 1 | 1 | 1 | 1 | 1 | 1 | 1 | 1 | 1 | 1 | 1 | 1 | 1 | 1 | 1 | 1 | 1 | **15** | 1 | 1 | 1 | 1 | 1 | 1 | 1 |
| 2018039 | 08 | 2 | 2 | 2 | **08** | 2 | 2 | 2 | 2 | 2 | 2 | 2 | 2 | 2 | 2 | 2 | 2 | 2 | 2 | 1 | 2 | 2 | 2 | 2 | 2 | 2 | 2 |
| 2018040 | 01 | 3 | **01** | 3 | 1 | 3 | 3 | 3 | 3 | 3 | 3 | 3 | 3 | 3 | 3 | 3 | 3 | 3 | 3 | 2 | 3 | 3 | 3 | 3 | 3 | 3 | 3 |
| 2018041 | 07 | **07** | 1 | 4 | 2 | 4 | 4 | 4 | 4 | 4 | 4 | 4 | 4 | 4 | 4 | 4 | 4 | 4 | 4 | 3 | 4 | 4 | 4 | 4 | 4 | 4 | 4 |
| 2018042 | 06 | 1 | 2 | 5 | 3 | 5 | 5 | **06** | 5 | 5 | 5 | 5 | 5 | 5 | 5 | 5 | 5 | 5 | 5 | 4 | 5 | 5 | 5 | 5 | 5 | 5 | 5 |
| 2018043 | 01 | **01** | 3 | 6 | 4 | 6 | 6 | 1 | 6 | 6 | 6 | 6 | 6 | 6 | 6 | 6 | 6 | 6 | 6 | 5 | 6 | 6 | 6 | 6 | 6 | 6 | 6 |
| 2018044 | 05 | 1 | 4 | 7 | 5 | 7 | 7 | 2 | **05** | 7 | 7 | 7 | 7 | 7 | 7 | 7 | 7 | 7 | 7 | 6 | 7 | 7 | 7 | 7 | 7 | 7 | 7 |
| 2018045 | 03 | 2 | 5 | **03** | 6 | 8 | 8 | 3 | 1 | 8 | 8 | 8 | 8 | 8 | 8 | 8 | 8 | 8 | 8 | 7 | 8 | 8 | 8 | 8 | 8 | 8 | 8 |
| 2018046 | 10 | 3 | 6 | 1 | 7 | 9 | 9 | 4 | 2 | 9 | 9 | 9 | 9 | 9 | 9 | 9 | 9 | **10** | 9 | 8 | 9 | 9 | 9 | 9 | 9 | 9 | 9 |
| 2018047 | 06 | 4 | 7 | **06** | 8 | 10 | 10 | 5 | 3 | 10 | 10 | 10 | 10 | 10 | 10 | 10 | 10 | 1 | 10 | 9 | 10 | 10 | 10 | 10 | 10 | 10 | 1 |
| 下一期 | -- | 06 | 01 | 08 | 02 | 03 | 04 | 05 | 07 | 10 | 13 | 15 | 21 | 16 | 26 | 09 | 11 | 12 | 14 | 17 | 18 | 19 | 20 | 22 | 24 | 23 | 25 |

**图 2–14 开奖号码**

点击“查看”标签，可以看到这个条件的命中情况并以此来做推算参考。

历史

| 期号 | 开奖 | 验证 |
|---|---|---|
| 2018040 | 01 | 正 |
| 2018041 | 07 | 正 |
| 2018042 | 06 | 正 |
| 2018043 | 01 | 正 |
| 2018044 | 05 | 正 |
| 2018045 | 03 | 正 |
| 2018046 | 10 | 反 |
| 2018047 | 06 | 正 |

**图 2–15 往期号码**

## 四、遗漏视图选择

图 2-16 遗漏视图

排序之后所有位置都将发生变化，我们发现可以利用这个来杀号，对选号有较大的帮助，某些条件会导致某一列长期没有出号，因此有了遗漏视图的形式，点击"遗漏视图形式显示"后会出现上图的遗漏情况，在右下角可以选择期号。

图 2-17 选择期号

改为 200 期之后：

图 2-18 开奖号码

可以看到 200 期以来没有开出的列。

再点击:"遗漏值从低到高排序"之后,对杀号更具参考价值。

图 2-19 杀号

那些不长开出的号码,一般都可以杀掉。

## 五、选号

| ☑06 ☑01 ☑08 ☑02 ☑03 ☑04 ☑05 ☑07 ☑10 ☑13 ☑15 ☑21 ☑16 ☑26 |
| ☑09 ☑11 ☑12 ☑14 ☑17 ☑18 ☑19 ☑20 ☑22 ☑24 ☑23 ☑25 ☑27 ☑28 |

图 2-20 选号

排序之后可以通过选号框选号，下面的选号框与排序结果是一致的，所以一般前面的都是开奖号码。

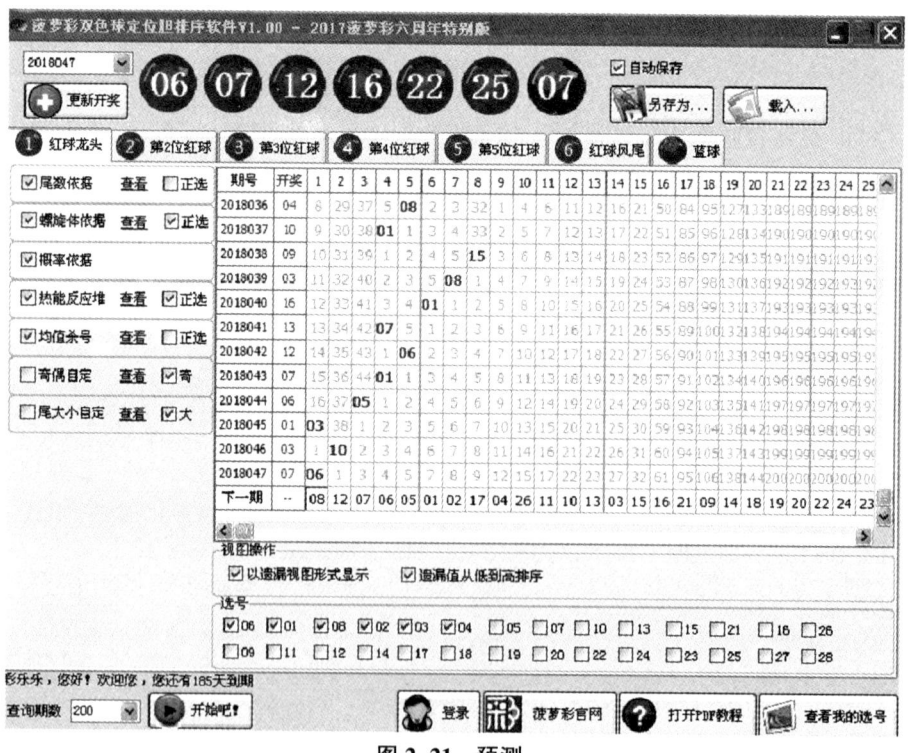

图 2-21 预测

选完之后，点击"查看我的号码"，就可以看到选号结果了。

第二章　辅助工具

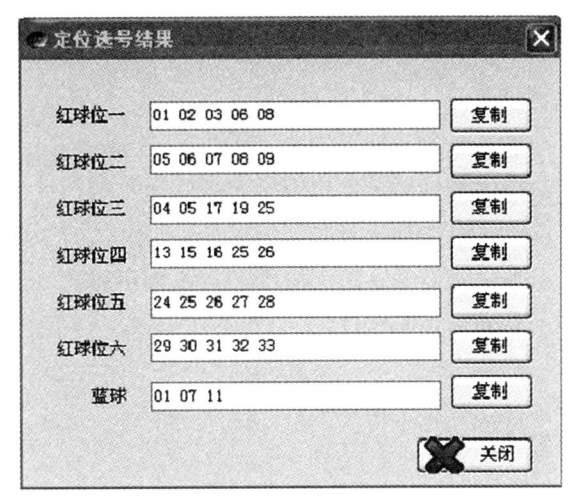

图 2-22　选号结果

## 第四节　数字三分析家

数字三分析家软件，是针对选三型彩票用来缩水、预测、验证及图表统计的软件，它不仅拥有市面上软件的所有缩水功能，还独家推出了多种算法，是一个非常有参考价值和强大的缩水软件。

软件主要分为四大部分：缩水过滤、技术指标、号码预测和超级大底，号码预测包含了胆组、垃圾注、八卦、五行、断组、通位、杀和值、杀跨度等几十项算法，所有的算法均附带详细历史记录，每项过滤对应每项图表。软件在技术指标部分还提供了号码形态、八卦、五行、AC 值、偏散度、奇偶、质合、大小、码距值等几十项指标，还可以全历史记录跟踪直选遗漏情况。

超级大底是众多彩民喜爱和追求的强大功能，不仅免费提供稳定组直选大底，还可以个性化自定义无数个大底，组直选自由切换，软件能全历史验证其准确率。它不仅可以验证大底，还可以作为多分组条件利用。

软件还拥有号码排序、号码监视器、智能缩水、遗漏值筛选等非常方便的工具。

## 一、常规操作

（1）客户登录：点击客户登录按钮可以更换用户名重新登录软件。

（2）更新期数：可以更新到最新开奖期数。

（3）切换彩种：数字三分析家包括福彩 3D 和体彩排列三，在这里可以随意切换，简单、方便、快捷、省时。

## 二、主要功能

（1）缩水过滤：在此可以通过菠萝彩多种算法和自己的定胆杀号方法进行过滤缩水，减少投注注数。

（2）技术指标：包含多种统计图表：常规图表统计、直选号码遗漏统计、组选号码遗漏统计、直选任二遗漏统计、冷热号统计，可以详细分析号码。

（3）胆杀预测：包含定胆、杀号、杀跨度等多种号码预测组合，可以在此参考应用，也可以直接在过滤缩水时使用。

（4）周期计划：分为独胆计划、7 码复试计划、组六 20 注计划，设置跟号周期和算法，就可以在该期间参考选号或跟号投注。

（5）超级大底：菠萝彩提供了一些直选或组选大底，也可以自行添加大底，软件会帮助验证。

（6）胆码扫描仪。

原理：这是一个根据数字三类彩票特有规律进行的扫胆工具，当扫描到某些规律即将产生的时候，软件会对这个号码进行加分。分数越高，在下期越有可能开出，反之为杀号。

作用：软件不可能在每期都能绝对预测正确，只能无限接近开奖号以及帮助你更方便地选号，因此，每期扫出来的胆码你还可以再进行加减分（增减益）来进行修改，修改后软件会对胆码进行重新评分，并自动算出胆杀号码以及直/组选号码。

（7）神秘魔图：前面我们讲过，数字三分析家软件当中有魔图相关内容，这样可以方便我们使用。

第二章 辅助工具

图 2-23 主要功能

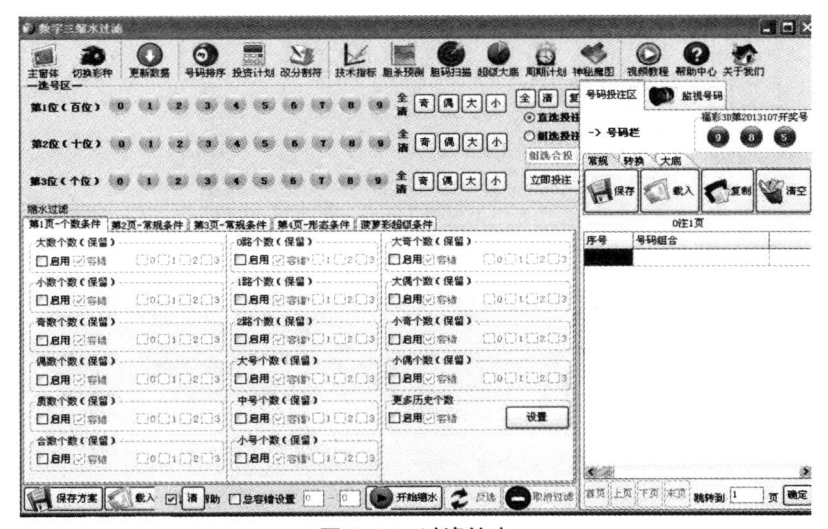

图 2-24 过滤缩水

图 2-25 技术指标

043

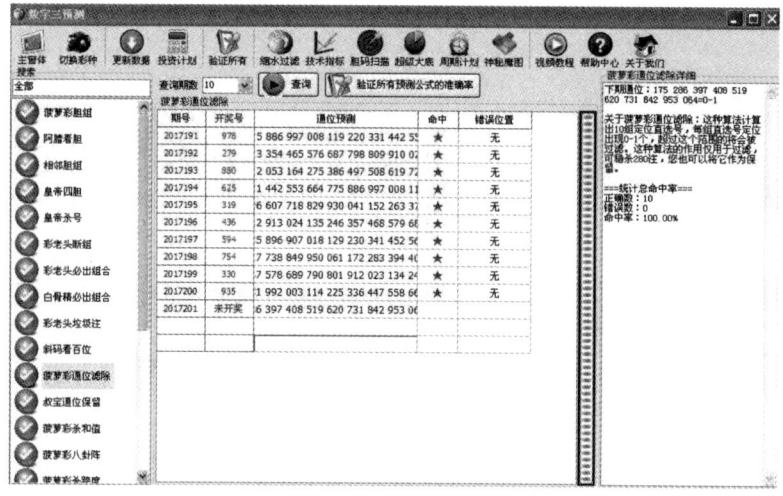

图 2-26 胆杀预测

图 2-27 周期计划

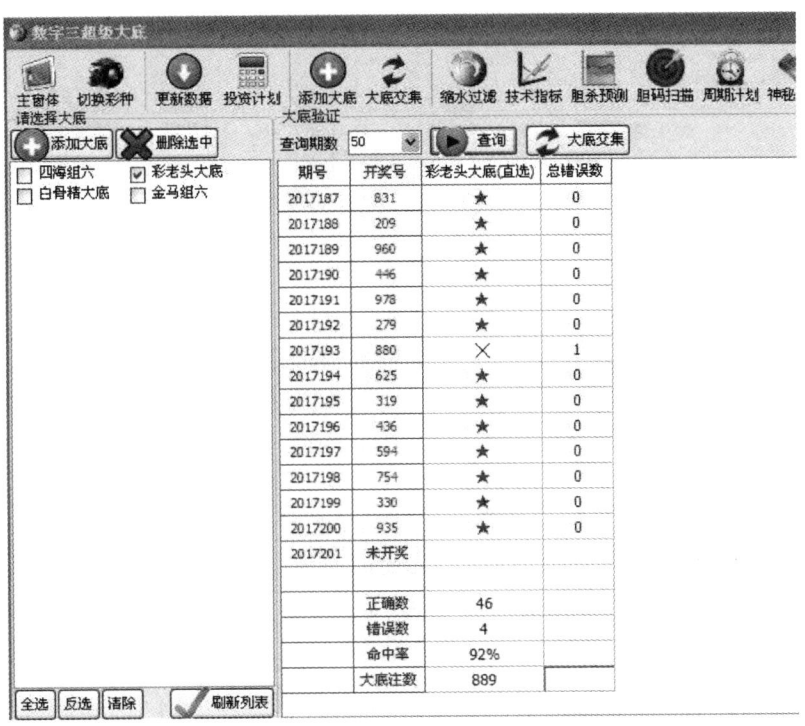

图 2-28 超级大底

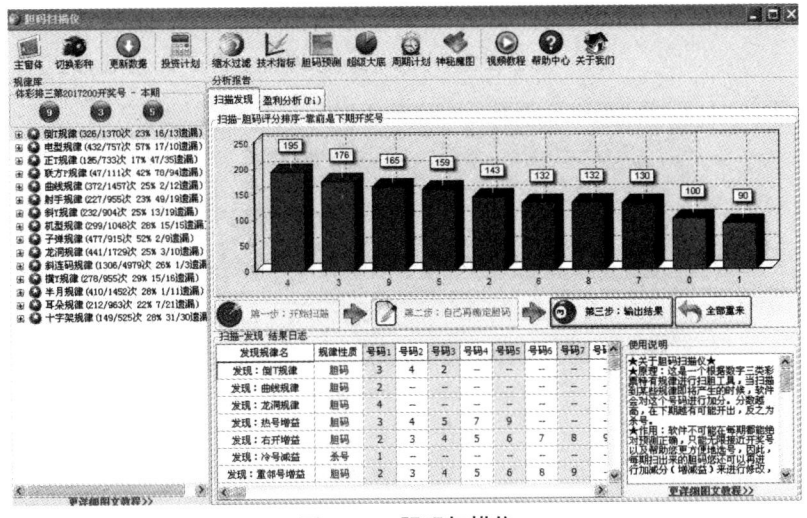

图 2-29 胆码扫描仪

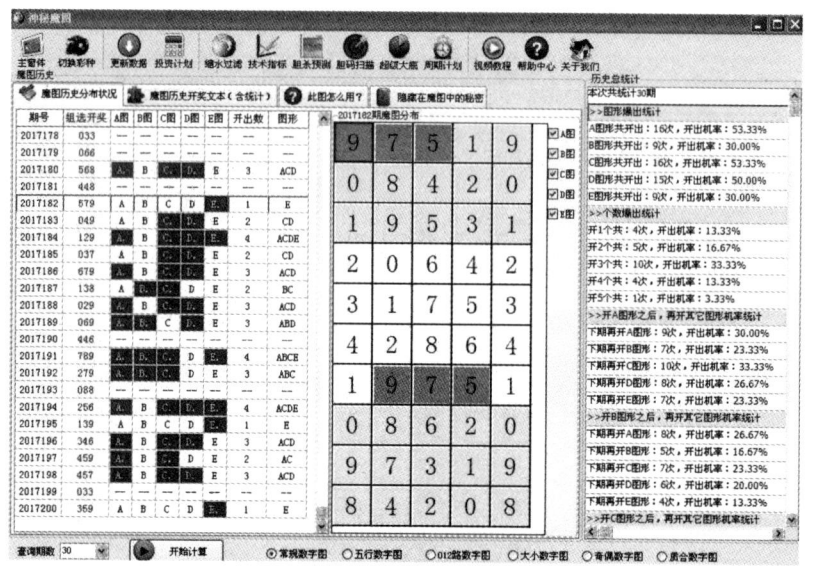

图 2-30　神秘魔图

## 三、常用辅助

常用辅助当中有投资计划，可以计算倍投盈利指数；分隔符过滤：批量修改分隔符；交集工具：两组号码列表取交集；彩票工具：其他辅助彩票应用。

图 2-31　常用辅助

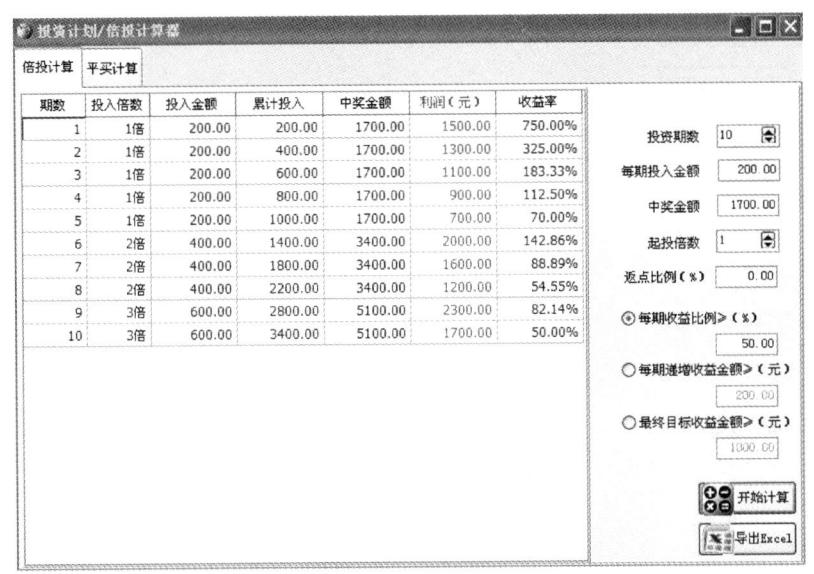

图 2-32  投资计划

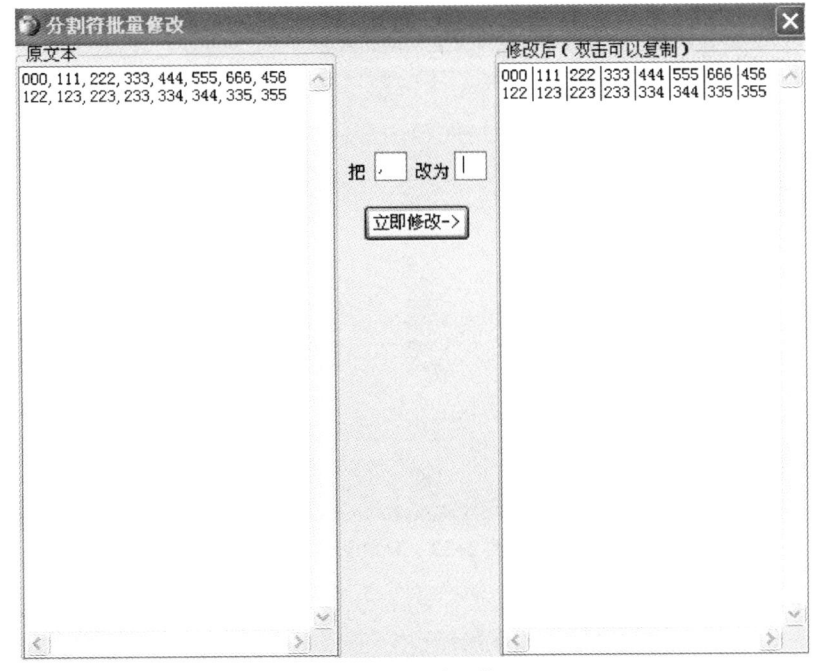

图 2-33  分隔符

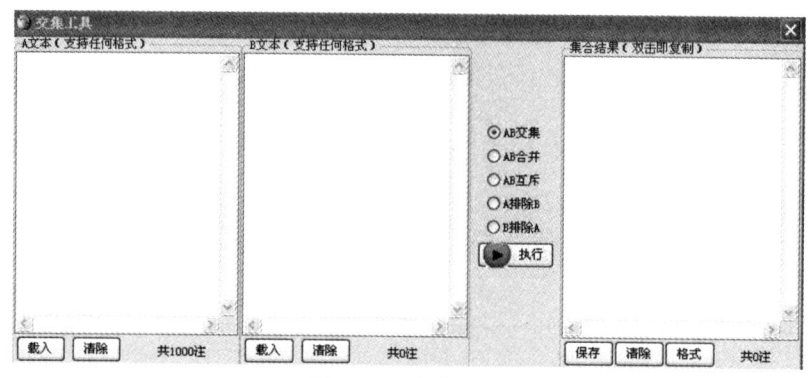

图 2-34 交集工具

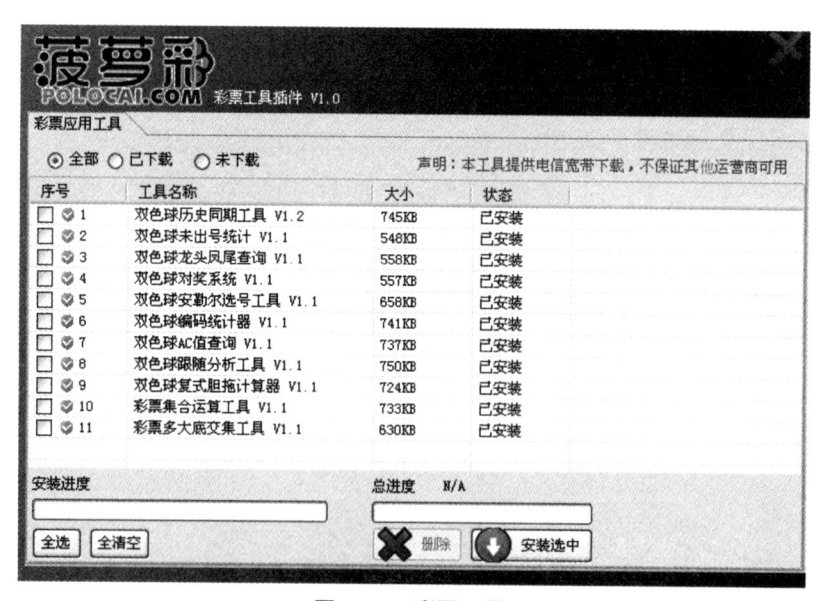

图 2-35 彩票工具

# 第三章　福彩3D杀号定胆

## 一、公式定胆

### （一）定胆公式=（ABC×602）/49

注意：运算结果取前三，过滤重复数。

举例：

（1）18108期开奖号码692。

（692×602）/49=8501.714286，取前三850。

18109期开奖号码218，中8，准确。

（2）18109期开奖号码218。

（218×602）/49=2678.285714，取前三267。

18110期开奖号码940，错误。

（3）18110期开奖号码940。

（940×602）/49=11548.57143，取前三154。

18111期开奖号码720，错误。

（4）18111期开奖号码720。

（720×602）/49=8845.714286，取前三845。

18112期开奖号码955，中5，准确。

（5）18112期开奖号码955。

（955×602）/49=11732.85714，取前三173。

18113期开奖号码615，中1，准确。

（6）18113期开奖号码615。

（615×602）/49=7555.714286，取前三751。

18114期开奖号码441，中1，准确。

（7）18114期开奖号码441。

（441×602）/49=5418，取前三541。

此方法举了七个例子，错了两期，定出三胆码再利用数字三分析家进行过滤缩水。

## （二）定胆公式=（ABC+B+982）/3.141

注意：运算结果取前三，过滤重复数。

举例：

（1）18108期开奖号码692。

（692+9+982）/3.141=535.8166189，取前三538。

18109期开奖号码218，中8，准确。

（2）18109期开奖号码218。

（218+1+982）/3.141=382.362305，取前三382。

18110期开奖号码940，错误。

（3）18110期开奖号码940。

（940+4+982）/3.141=613.1805158，取前三613。

18111期开奖号码720，错误。

（4）18111期开奖号码720。

（720+2+982）/3.141=542.5023878，取前三542。

18112期开奖号码955，中5，准确。

（5）18112期开奖号码955。

（955+5+982）/3.141=618.2744349，取前三618。

18113期开奖号码615，中61，准确。

（6）18113 期开奖号码 615。

（615+1+982）/3.141=508.7551735，取前三 508。

18114 期开奖号码 441，错误。

（7）18114 期开奖号码 441。

（441+4+982）/3.141=454.3139128，取前三 453。

此方法七期出错三期，还算可以。不过用这个方法要观察出错周期，例如三期易出错，那么我们就跳过此方法。如果前两期连错，接下来一期正确的概率就相对高了。

## （三）定胆公式=（ABC+143）/619

注意：运算结果取前三，过滤重复数。

（1）18108 期开奖号码 692。

（692+143）/619=1.348949919，取前三 134。

18109 期开奖号码 218，中 1，准确。

（2）18109 期开奖号码 218。

（218+143）/619=0.583198708，取前三 058。

18110 期开奖号码 940，中 0，准确。

（3）18110 期开奖号码 940。

（940+143）/619=1.749596123，取前三 174。

18111 期开奖号码 720，中 7，准确。

（4）18111 期开奖号码 720。

（720+143）/619=1.394184168，取前三 139。

18112 期开奖号码 955，中 9，准确。

（5）18112 期开奖号码 955。

（955+143）/619=1.773828756，取前三 173。

18113 期开奖号码 615，中 1，准确。

（6）18113 期开奖号码 615。

（615+143）/619=1.224555735，取前三 124。

18114 期开奖号码 441，中 14，准确。

(7) 18114 期开奖号码 441。

(441+143) /619=0.943457189，取前三 094。

此方法验证期期全部准确，可以正常使用。在使用过程中上期出错下期准确率有所提高。

## 二、1、3 层级定胆法

1、3 层级定胆法，顾名思义是利用五期开奖号码的 1 层与 3 层定出下一期的胆码。操作步骤为：以本期开奖号码为第 1 层号码向上数三期，第 3 层开奖号码时会有胆码出现，再向上数到第五期，第 5 层号码也会有胆码出现。

选三型彩票，选择号码共有 1000 种组合形式，怎么选呢？这个问题既是客观存在的，也是无法改变的。所以我们只能去掉几个出现概率低的号码，以减少投注，并提高中奖概率。这样说来，杀号就成了必要的方法。

下面有一些杀号方法，介绍给大家。需要强调的是，杀号一定要验证。

验证方法：每一个杀号方法都不会连错或连对，如果前面两期至三期出错了，那么下期的准确率就会更高，比较精准的方法可以适当放宽验证条件，所以观察每一个方法的正确率或错误率是有必要的。

原则：宁可放过一个，也不错杀一个。

杀号七法如下：

1. 杀上期和值的头数、尾数以及头尾相加的和数

表 3-1　方法一

| 期号 | 开奖号码 | 合值 | 杀号 | 验证 |
| --- | --- | --- | --- | --- |
| 18105 | 847 | 19 | 1，9，0 | ？ |
| 18106 | 336 | 12 | 1，2，3 | 准确 |
| 18107 | 663 | 15 | 1，5，6 | 错一 |
| 18108 | 692 | 17 | 1，7，8 | 错一 |
| 18109 | 218 | 11 | 1，2 | 错二 |
| 18110 | 940 | 13 | 1，3，4 | 准确 |
| 18111 | 720 | 9 | 9 | 准确 |

续表

| 期号 | 开奖号码 | 合值 | 杀号 | 验证 |
|---|---|---|---|---|
| 18112 | 955 | 19 | 1，9，0 | 错误 |
| 18113 | 615 | 12 | 1，2，3 | 错一 |
| 18114 | 441 | 9 | 9 | 错一 |

## 2. 和值尾乘 3 杀码

表 3-2　方法二

| 期号 | 开奖号码 | 合值 | 杀号 | 验证 |
|---|---|---|---|---|
| 18105 | 847 | 19 | 7 | ? |
| 18106 | 336 | 12 | 6 | 准确 |
| 18107 | 663 | 15 | 5 | 错误 |
| 18108 | 692 | 17 | 1 | 准确 |
| 18109 | 218 | 11 | 3 | 错误 |
| 18110 | 940 | 13 | 9 | 准确 |
| 18111 | 720 | 9 | 7 | 准确 |
| 18112 | 955 | 19 | 7 | 准确 |
| 18113 | 615 | 12 | 6 | 准确 |
| 18114 | 441 | 9 | 7 | 准确 |

## 3. 和值尾乘 4 杀码

表 3-3　方法三

| 期号 | 开奖号码 | 合值 | 杀号 | 验证 |
|---|---|---|---|---|
| 18105 | 847 | 19 | 6 | ? |
| 18106 | 336 | 12 | 8 | 错误 |
| 18107 | 663 | 15 | 0 | 准确 |
| 18108 | 692 | 17 | 8 | 准确 |
| 18109 | 218 | 11 | 4 | 错误 |
| 18110 | 940 | 13 | 2 | 错误 |
| 18111 | 720 | 9 | 6 | 错误 |

续表

| 期号 | 开奖号码 | 合值 | 杀号 | 验证 |
|---|---|---|---|---|
| 18112 | 955 | 19 | 6 | 准确 |
| 18113 | 615 | 12 | 8 | 错误 |
| 18114 | 441 | 9 | 6 | 准确 |

### 4. 和值尾乘5杀码

表3-4 方法四

| 期号 | 开奖号码 | 合值 | 杀号 | 验证 |
|---|---|---|---|---|
| 18105 | 847 | 19 | 5 | ? |
| 18106 | 336 | 12 | 0 | 准确 |
| 18107 | 663 | 15 | 5 | 准确 |
| 18108 | 692 | 17 | 5 | 准确 |
| 18109 | 218 | 11 | 5 | 准确 |
| 18110 | 940 | 13 | 5 | 准确 |
| 18111 | 720 | 9 | 5 | 准确 |
| 18112 | 955 | 19 | 5 | 错误 |
| 18113 | 615 | 12 | 0 | 错误 |
| 18114 | 441 | 9 | 5 | 准确 |

### 5. 百位减十位取绝对值杀一码

表3-5 方法五

| 期号 | 开奖号码 | 百位减十位 | 杀号 | 验证 |
|---|---|---|---|---|
| 18110 | 940 | 9-4-=5 | 5 | ? |
| 18111 | 720 | 7-2=5 | 5 | 准确 |
| 18112 | 955 | 9-5=4 | 4 | 错误 |
| 18113 | 615 | 6-1=5 | 5 | 准确 |
| 18114 | 441 | 4-4=0 | 0 | 准确 |

## 6. 个位减十位取绝对值杀下期一码

表 3-6　方法六

| 期号 | 开奖号码 | 个位减十位 | 杀号 | 验证 |
| --- | --- | --- | --- | --- |
| 18110 | 940 | 4-0=4 | 4 | ? |
| 18111 | 720 | 2-0=2 | 2 | 准确 |
| 18112 | 955 | 5-5=0 | 0 | 准确 |
| 18113 | 615 | 5-1=4 | 4 | 准确 |
| 18114 | 441 | 4-1=3 | 3 | 错误 |

## 7. 百位加十位杀下期码

表 3-7　方法七

| 期号 | 开奖号码 | 百位加十位 | 杀号 | 验证 |
| --- | --- | --- | --- | --- |
| 18110 | 940 | 9+4=13 | 3 | ? |
| 18111 | 720 | 7+2=9 | 9 | 准确 |
| 18112 | 955 | 9+5=14 | 4 | 错误 |
| 18113 | 615 | 6+1=7 | 7 | 准确 |
| 18114 | 441 | 4+4=8 | 8 | 准确 |

# 第四章　福彩 3D 选号方法

## 一、辅助工具选号方法

前边我们介绍了魔图和数字三分析家，在此将两个辅助工具的应用以举例的形式详细分析。

举例 1：魔图选号。

18124 期开奖号码 689，预测 18125 期。

第一步：定胆。

利用前边讲的定胆方法来计算胆码。选择（ABC×602）/49 这个公式。

（689×602）/49=8464.857143，取前三 846，那么就定 846 为胆码。

第二步：魔图画数。

在魔图边框里边找出上期开奖号码 689。在 689 附近找到我们定出的三胆 846。最后根据魔图配套的五组图形来以胆找号如下：

016，026，124，128，134，158，168，238，248，258，268，278，289，345，456，457，468，567，569，678，679，689。

笔者画出了 22 注 3D 组选号码，18125 期开奖号码 832，胆码中 8，中 238 组选。

举例 2：数字三分析家。

18124 期开奖号码 689，预测 18125 期。

首先，我们可以通过数字三分析家的胆码扫描仪来观察：

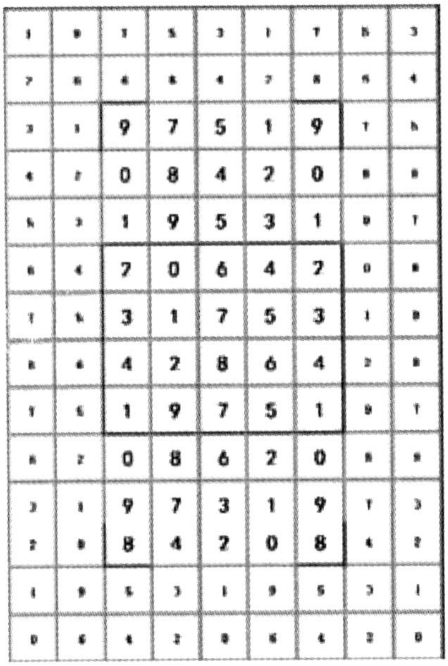

图 4-1 魔图画数

经过简单的点选操作,确定 789 为三胆码(备用)。

利用前边介绍的定胆方法计算胆码。选择 (ABC×602)/49 这个公式。

(689×602)/49=8464.857143,取前三 846,那么就定 846 为胆码。

789 三胆;846 三胆,备用。

接下来看一下数字三分析家胆码预测。

菠萝彩胆组 124 被定为三胆;皇帝杀号 1;选择彩老头必出组合、白骨精必出组合;斜看百位;菠萝彩杀跨度;菠萝彩杀和值。

切记一点:在选择使用软件当中的各种方法时,一定要把握住它的出错率。也就是说,它一般隔几期出错最多,连错率有多少,连对率有多少,这也是有一定规律可循的。

最后就是缩水环节。

将百、十、个三个位置的号码全部选择,点击立即投注,作为 1000 注被选号码。

在缩水界面第 2 页——常规条件,将 789 设置为 1~3 个;846 设置为 1~3 个;124 设置为 1~3 个;1 设置为 0 个。

将菠萝彩超级条件中的彩老头必出组合、白骨精必出组合；斜看百位；菠萝彩杀跨度；菠萝彩杀和值全部选中。

点击开始缩水按钮。剩余 66 注直选号：

028，047，048，049，074，082，084，094，208，238，248，249，258，269，278，280，283，284，285，287，289，294，296，298，328，347，374，382，528，548，582，584，629，647，648，674，684，692，802，804，820，823，824，825，827，829，832，840，842，845，846，847，852，854，864，872，874，892，904，924，926，928，940，942，962，982。

18125 期开奖号码 832，66 注中出直选。

举例 3：结合使用。

结合使用就是通过魔图和数字三分析家一起来选择号码。

刚才使用数字三分析家得到了 66 注直选，再使用魔图进行操作，会使号码注数再度减少。

为了方便使用，数字三分析家当中设置了魔图板块，可以直接设置过滤（提示：首先要长期练习画数字图）。

得到 36 注直选号码如下：

047，049，074，094，238，258，269，278，283，285，287，296，328，347，374，382，528，548，582，584，629，647，674，692，823，825，827，832，845，852，854，872，904，926，940，962。

18125 期开奖号码 832，36 注中出直选。

## 二、围攻选号方法

围攻选号方法，即通过上期开奖号码在之前的开奖号码列表，或者在试机号列表当中找到，附近的号码极有可能开出来。如果定一胆码，再用围攻选号的方法进行操作，中奖的概率就更高了。

举例说明：（开奖号码当中找）。

| 日期 | 期号 | 开奖号码 |
|---|---|---|
| 2018-04-24 | 2018107 | ⑥ 6 3 |
| 2018-04-25 | 2018108 | 6 ⑨ 2 |
| 2018-04-26 | 2018109 | 2 1 ⑧ |
| 2018-04-27 | 2018110 | 9 4 0 |
| 2018-04-28 | 2018111 | 7 2 0 |
| 2018-04-29 | 2018112 | 9 5 5 |
| 2018-04-30 | 2018113 | 6 1 5 |
| 2018-05-01 | 2018114 | 4 4 1 |

图 4-2　开奖号码（一）

| 日期 | 期号 | 开奖号码 |
|---|---|---|
| 2018-04-24 | 2018107 | 6 6 ③ |
| 2018-04-25 | 2018108 | 6 9 ② |
| 2018-04-26 | 2018109 | 2 1 ⑧ |
| 2018-04-27 | 2018110 | 9 4 0 |
| 2018-04-28 | 2018111 | 7 2 0 |
| 2018-04-29 | 2018112 | 9 5 5 |
| 2018-04-30 | 2018113 | 6 1 5 |
| 2018-05-01 | 2018114 | 4 4 1 |

图 4-3　开奖号码（二）

| 日期 | 期号 | 开奖号码 |
|---|---|---|
| 2018-04-24 | 2018107 | ⑥ 6 ③ |
| 2018-04-25 | 2018108 | 6 ⑨ 2 |
| 2018-04-26 | 2018109 | 2 1 ⑧ |
| 2018-04-27 | 2018110 | 9 4 0 |
| 2018-04-28 | 2018111 | 7 2 0 |
| 2018-04-29 | 2018112 | 9 5 5 |
| 2018-04-30 | 2018113 | 6 1 5 |
| 2018-05-01 | 2018114 | 4 4 1 |

图 4-4　开奖号码（三）

18124 期开奖号码 689，假设我们来预测 18125 期号码。

如图 4-2 所示，从 107 期到 109 期中找到了 18124 期开奖号码 689，在附近号码当中找下期号码。

如图 4-3~4-5 所示，找到了一个 18125 期开奖号码 832。

如果在最近几期未找到上期开奖号码，还可以利用上上期找上期号码，上期号码找到的号码准确率更高。

## 三、综合应用技巧

综合应用是指将辅助工具选号法与围攻选号法混合应用，可以在提高准确率的同时减少投注注数。

我们前边已经将魔图和数字三分析家结合应用，那么如何让围攻选号法也起到它的效果呢？

方法其实很简单。

将魔图和数字三分析家结合后选出的号码对照开奖号码的走势，依照围攻选号法的应用方法，在开奖号码中找到包含的号码组合，那么这注号码的中奖率就非常高了，最后把没有找到对应的号码组合排除掉。

第一步：将 18125 期所选择的 36 注直选号码全部提取。

047，049，074，094，238，258，269，278，283，285，287，296，328，347，374，382，528，548，582，584，629，647，674，692，823，825，827，832，845，852，854，872，904，926，940，962。

第二步：用每一注号码在开奖号码列表中查找。

047，049，074，094，238，269，283，296，328，382，629，692，823，832，926，962。

18125 期开奖号码 832 在 16 注中出直选。

还可以用我们之前所讲到的验证杀号方法排除注数。

注意：在使用围攻选号方法时，定点一定要准，也就是说，找准开奖号码列表的位置至关重要。

| 日期 | 期号 | 开奖号码 |
|---|---|---|
| 2018-04-24 | 2018107 | 6 6 3 |
| 2018-04-25 | 2018108 | 6 9 2 |
| 2018-04-26 | 2018109 | 2 1 8 |
| 2018-04-27 | 2018110 | 9 4 0 |
| 2018-04-28 | 2018111 | 7 2 0 |
| 2018-04-29 | 2018112 | 9 5 5 |
| 2018-04-30 | 2018113 | 6 1 5 |
| 2018-05-01 | 2018114 | 4 4 1 |

图 4-5　开奖号码（四）

# 第五章  双色球条件组设置与应用

利用软件过滤缩水，自然少不了缩水相关的条件，那么如何设置相关的条件呢？

笔者认为，在缩水的时候不要盲目地只考虑缩水掉多少注数，而要注重正确率，这才是第一位的。那么，又如何提高准确率呢？

## 一、连号设置条件

上期开奖号码当中开出连号，下期取连号左右的号码组成条件，可以设置为0-2个或0-3，也就是说，在这几个号码中会出现0，1，2，3个号码的四种情况。

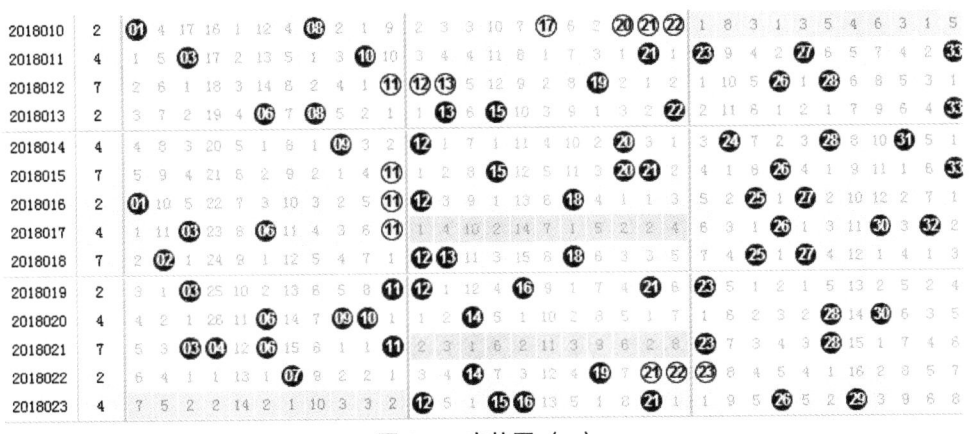

图 5-1  走势图（一）

资料来源：采宝网，下同。

如图 5-1 所示，2018010 期开奖号码为 01 08 17 20 21 22，20 21 22 开出三连号的情况，我们可以取 20 的前一位 19 和 22 的后一位 23，组成 19 20 21 22 23，作为一个设置条件的号码组，可以设置为 0-2 或 0-3，一般情况下出 0-2 居多。

我们再来看 2018011 期开奖号码 03 10 21 23 27 33，我们设定的条件组 19 20 21 22 23 开出 21 和 23 两码，条件组设置正确。

再来举一个两连号的例子。

2018021 期开奖号码 03 04 06 11 23 28，03 04 开出两连号的情况，我们取 03 前一位 02 和 04 后一位 05，组成 02 03 04 05 作为一个设置条件的号码组，两连号码设置为 0-2 即可。

2018022 期开奖号码 07 14 19 21 22 23，我们设定的条件组 02 03 04 05=0-2 未开出号码，条件组设置正确。

## 二、空白区域设置条件组

在走势图中，空白区非常明显。利用空白区设置条件组即是按格数确定范围，竖格与横格最少要看三期。

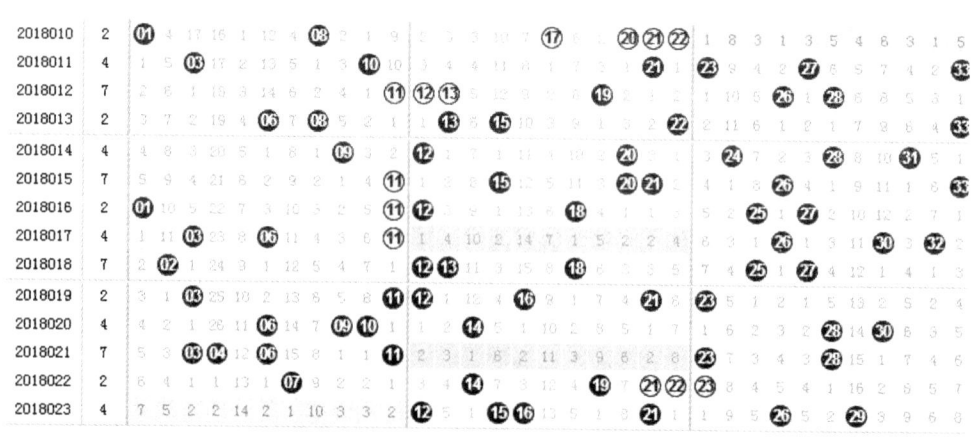

图 5-2 走势图（二）

我们来预测 2018023 期，首先看 022 期以上的号码，020 期至 022 期 15 16 17 18 号码处形成空白区域，设置为 0-2 即可。

我们再来看 2018023 期开奖号码 12 15 16 21 26 29，条件组中开出 15 16 两码，条件组设置正确。

需要注意的是，横格空白多于 6 格的时候不要设置条件。

## 三、加减 2 设置胆组

利用上期开奖号码每一位数加减 2，将得到的号码作为一个胆码组，设置为 1-4 是比较保险的。

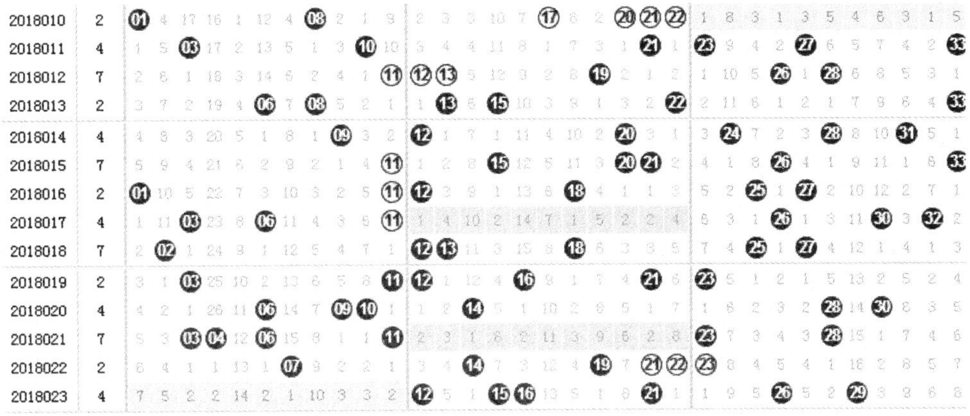

图 5-3　走势图（三）

看 2018021 期开奖号码 03 04 06 11 23 28，分别加减 2 得到：01 02 04 05 06 08 09 13 21 25 26 30，设置为 1-4。

看 2018022 期开奖号码 07 14 19 21 22 23，设置胆组中开出 21 一码，胆组设置正确。

再将 2018022 期开奖号码 07 14 19 21 22 23 分别加减 2 得到：05 09 12 16 17 19 20 21 23 24 25，设置为 1-4。

最后看 2018023 期开奖号码 12 15 16 21 26 29，设置胆组开出 12 16 21 三码，胆组设置正确。

## 四、其他条件组设置

### （一）黄金分割设置胆组

黄金分割是数字排列中一个非常有意思的现象，分割为 0.191、0.618、0.328、0.5、0.809，如果把数字和黄金分割率对应，它们组合成新的数字极易出现，计算以后以满五进一取整数。

若满五进一以后先取小数点前边的数再取进一的数。

举一例：6×0.328=1.968，取 01 和 02。

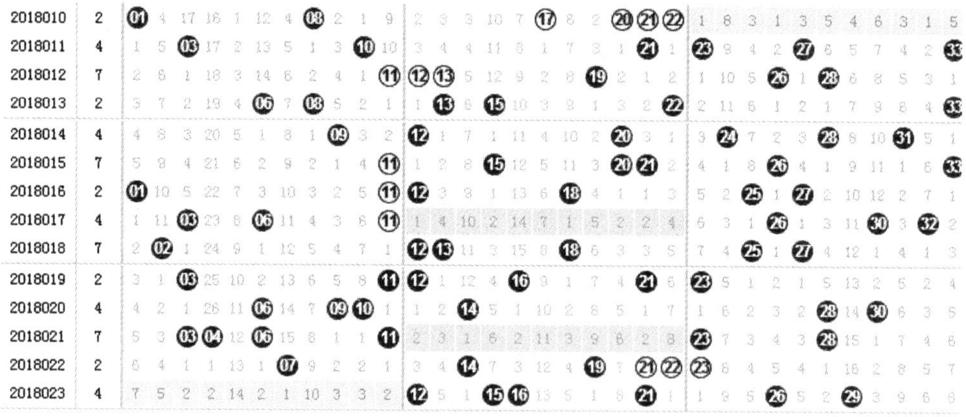

图 5-4　走势图（四）

以 2018021 期开奖号码 03 04 06 11 23 28 分别乘以分割率 0.191、0.618、0.328、0.5、0.809。

03×0.191=0.573　04×0.191=0.764　06×0.191=1.146

11×0.191=2.101　23×0.191=4.393　28×0.191=5.348

乘以 0.191 得到 01 02 04 05 10。

2018022 期开奖号码 07 14 19 21 22 23，未出。

03×0.618=1.854　04×0.618=2.472　06×0.618=3.708

11×0.618=6.798　23×0.618=14.214　28×0.618=17.304

乘以 0.618 得到 01 02 03 04 06 07 14 17。

2018022 期开奖号码 07 14 19 21 22 23，出 07 14 两码。

03×0.328=0.984　　04×0.328=1.312　　06×0.328=1.968

11×0.328=3.608　　23×0.328=7.544　　28×0.328=9.184

乘以 0.328 得到 01 02 03 04 07 08 09 10。

2018022 期开奖号码 07 14 19 21 22 23，出 07 一码。

03×0.5=1.5　　04×0.5=2　　06×0.5=3

11×0.5=5.5　　23×0.5=11.5　　28×0.5=14

乘以 0.5 得到 01 02 03 05 06 11 12 14。

2018022 期开奖号码 07 14 19 21 22 23，出 14 一码。

03×0.809=2.427　　04×0.809=3.236　　06×0.809=4.854

11×0.809=8.899　　23×0.809=18.607　　28×0.809=22.652

乘以 0.809 得到 02 03 04 05 08 09 18 19 22 23。

2018022 期开奖号码 07 14 19 21 22 23，出 19 22 23 三码。

值得注意的是，本方法需要加强验证，或者将所有计算得到的号码综合到一起，为了准确，设置 1-6。

验证方法：

每一个方法都不会一直正确，或者一直错误，最简单的验证方法就是观察每一个计算方法的准确率或者出错的概率，然后估算它的出错周期，来判断是否可以使用该计算方法。在使用其他方法时，也可以用此方法来验证。

## (二) 前两期号码互加得数设置 0-3

第一种方法：大于 33 的数取尾。

例如：2018046 期开奖号码为 08 13 18 42 53 60，

可以设置为：08 13 18 02 03 10=0-3。

第二种方法：大于 33 的数减 33。

例如：2018046 期开奖号码为 08 13 18 42 53 60，

可以设置为：08 13 18 09 20 27=0-3。

第三种方法：上期互加得数除以 2（进位取整数）。

例如：2018046 期开奖号码为 08 13 18 42 53 60，

可以设置为：04 07 09 21 27 30=0-2。

### （三）前两期号码互减得数设置 0-3（相减为 0 时设置 10）

例如：2018046 期开奖号码可设置为 02 05 06 08 01 10=0-3

### （四）前两期号码互乘得数设置为 0-3

第一种方法：大于 33 的数取尾。

例如：2018046 期开奖号码为 15 36 72 425 702 900，

可以设置为：15 06 02 05 10=0-3。

第二种方法：大于 33 的数减 33（直到小于 33）。

例如：2018046 期开奖号码为 15 36 72 425 702 900，

可以设置为：15 03 06 29 09=0-3。

### （五）前两期号码互除（进位取整数）

例如：2018046 期 02 01=0-1。

### （六）上期开奖号码减 17 设置为 0-3

例如：2018046 期开奖号码为 14 13 11 08 09 13=0-3。

### （七）上期号码后五位减第一位，所算得数再减第一位，直到剩余一个数字，设置 0-4

例如：2018046 期：
01 03 22 23 27  02 21 22 26  19 20 24  01 05  04
03 23 27 02 21 22 26 19 20 24 01 05 04（排除相同号码）=0-4

### （八）上上期开奖号码减上期开奖号码第一位，设置为 0-3

例如：2018046 期开奖号码为 02 06 09 14 24 27=0-3。

## （九）上上期开奖号码减上期蓝球，设置为 0-3

例如：2018046 期开奖号码为 04 08 11 16 26 29=0-3。

## （十）红球第六位减蓝球，以及得数个位加十位在红球 11 对照表中查询（可设置为 0-2 或 0-1，在上期出错两码的时候下期设置 0-1 为优）

红球 11 对照表：
01：12 23  02：13 24  03：14 25  04：15 26
05：16 27  06：17 28  07：18 29  08：19 30
09：20 31  10：21 32  11：22 33
例如：2018046 期，上期第六位减蓝球得 29，2+9=11。
可以设置为：29 22 33=0-2。

## （十一）隔期给号设置 1-4（注意：连对三期及以上时停用）

例如：2018046 期设置 044 期开奖号码 05 09 12 17 27 30=1-4。

# 五、双色球胆尾组设置

## （一）上期开奖号码第三位加 4，再加 3，各自取尾（上期如果两尾都开出，下期停用）

例如：2018046 期可以设置为：V：0 3=1-2。

## （二）上期第一二位号码相加取尾，取前后两数；第五六位号码相加取尾，取前后两数

例如：2018046 期：
第一二两位 3+4=7，取 ６ ７ ８ 尾；
第五六两位 26+30=56，取 ５ ６ ７ 尾；
综合尾数取 ５ ６ ７ ８ 尾，可以设置 V：５ ６ ７ ８=1-4。

## 六、双色球分析家双色转 3D 条件组设置

1. 方法介绍

双色转 3D 分为三种模式：

（1）三区和值转 3D 模式。首先，把双色球 33 个号码分成三个区：一区 01~11，二区 12~22，三区 23~33。其次，根据开奖号码把各区分开相加。最后取其尾数就可以得出 3 个数字，它们像福彩 3D 一样，所以较容易选号！

例如：开奖号码 01 05 13 18 25 26，那么：

1+5=6，一区为 6；

13+18=31，二区为 1；

25+26=51，三区为 1；

组成后即是 3D 号码：611。

菠萝彩论坛用户"yys1207"提供此方法。

（2）相邻定位和尾转 3D 模式。把双色球从小到大排序定位和尾组合成类似于福彩 3D 的三个数字。

例如：开奖号码 06 14 15 20 22 30，那么：

第一二位相加：06+14=20，百位取尾为 0；

第三四位相加：15+20=35，十位取尾为 5；

第五六位相加：22+30=52，个位取尾为 2；

组成后即是 3D 号码：052。

菠萝彩论坛用户"yuffiecjy"提供此方法。

（3）相邻定位差尾转 3D 模式。把双色球 33 个号码定位分成一二位差，三四位差，五六位差，然后取它们的尾数就可以得出 3 个数字，它们像福彩 3D 一样，所以较容易选号！

例如，开奖号码 01 05 13 18 25 26，那么：

1−5=4，定位 1 值为 4；

13−18=5，定位 2 值为 5；

25−26=1，定位 3 值为 1；

组成后即是 3D 号码：451。

菠萝彩论坛用户"奇迹 129"提供此方法。

该功能在缩水区第 8 页使用。

2. 条件制作

本方法的条件制作非常简单，利用 3D 定胆码的方法定出胆码，综合到一起，设置为 1-3 或 2-3，利用数字三分析家软件进行缩水出号，最后直接导入双色球分析家对应的缩水模块。

# 第六章　转换法的概念与实操

## 一、转换选号法

转换选号法即是将复杂的号码简单化，简单的号码系统化，系统的号码规律化，有了规律也就有了操作的技巧，利用技巧选择号码，就会多几分胜算。

举例（以双色球为例）：

18050 期开奖号码：01 02 04 10 18 19。

第一步：将开奖号码的尾数全部提取出来。

提取 18050 期开奖号码尾数：１ ２ ４ ０ ８ ９。

第二步：分解成数字三形式（注意分解模式）。

一二三位 124；

二三四位 240；

三四五位 408；

四五六位 089；

五六一位 891；

六一二位 912。

形成了六注福彩 3D 形式，而且头咬尾尾连头，中间形成节点，我们可以通过节点的前后顺序进行定位验证，看看是否符合所选号码的基本条件。还可以利用魔图确定每一号码段的出号范围，并且在双色球分析家软件当中使用"多位滤除"更可以方便快捷地缩水出号码。

## 二、转换选号法的优势

（1）简单易学，易于操作。

（2）方法增多，去粗取精。

（3）关联缜密，形成节点。

（4）灵活变通，校验求证。

（5）形成脉络，提升概率。

## 三、实际双色球操作

第一步：转换。

18050期开奖号码：01 02 04 10 18 19。

提取18050期开奖号码尾数：1 2 4 0 8 9。

做一个简单的转换：

一二三位 124；

二三四位 240；

三四五位 408；

四五六位 089；

五六一位 891；

六一二位 912。

经过转换，我们得到六注数字三型的号码，将六注数字三型号码以数字三型彩票的选号方法来操作，定出每一位的尾数，再来分析头数。

第二步：利用数字三的定胆方法分别定出六注数字三型号码。

一二三位：

（124+2+982）/3.141=352.7539，取不重复前三码 352；

（124×602）/49=1523.428571，取不重复前三码 152；

（124+143）/619=0.431340872，取不重复前三码 043。

层级定胆：在双色球050期一二三位的基础上向上数三期，再向上数五期，只取尾数，得到两组数字三号码，作为下期胆码。

18050 期一二三位向上数三期得到 18048 期 120；

18050 期一二三位向上数五期得到 18046 期 034；

综合一二三位所有定出的胆：012345。

然后，利用这样的形式获得其余位置的胆码。

二三四位 240：

（240+2+982）/3.141=390.3215536　取不重复前三码 390；

（240×602）/49=2948.571429　取不重复前三码 294；

（240+143）/619=0.618739903　取不重复前三码 061；

18050 期二三四位向上数三期得到 18048 期 205；

18050 期二三四位向上数五期得到 18046 期 348；

得到二三四位 012345689。

三四五位 408：

（408+0+982）/3.141=442.5342248　取不重复前三码 425；

（408×602）/49=5012.571429　取不重复前三码 501；

（408+143）/619=0.890145396　取不重复前三码 089；

18050 期三四五位向上数三期得到 18048 期 05；

18050 期三四五位向上数五期得到 18046 期 480；

得到三四五位 0124589。

四五六位 089：

（089+8+982）/3.141=343.5211716　取不重复前三码 345；

（089×602）/49=1093.428571　取不重复前三码 109；

（089+143）/619=0.374798061　取不重复前三码 037；

18050 期四五六位向上数三期得到 18048 期 503；

18050 期四五六位向上数五期得到 18046 期 801；

得到四五六位 01345789。

五六一位 891：

（891+9+982）/3.141=599.1722381　取不重复前三码 591；

（891×602）/49=10946.57143　取不重复前三码 109；

（891+143）/619=1.670436187　取不重复前三码 167；

18050 期三四五位向上数三期得到 18048 期 01；

18050 期三四五位向上数五期得到 18046 期 01；

得到五六一位 015679。

六一二位 912：

（912+1+982）/3.141=603.3110474　取不重复前三码 603；

（912×602）/49=11204.57143　取不重复前三码 120；

（912+143）/619=1.704361874　取不重复前三码 170；

18050 期三四五位向上数三期得到 18048 期 12；

18050 期三四五位向上数五期得到 18046 期 103；

得到六一二位 012367。

第三步：转换回双色球号码。

一二三 012345：

转换：01 02 03 04 05 10 11 12 13 14 15 20 21 22 23 24 25 30。

二三四位 012345689：

转换：02 03 04 05 06 08 09 10 11 12 13 14 15 16 18 19 20 21 22 23 24 25 26 28 29 30 31（二位不可能开出 01，所以将 01 排除）。

三四五位 0124589：

转换：04 05 08 09 10 11 12 14 15 18 19 20 21 22 24 25 28 29 30 31 32（与上同理，排除 01 02）。

四五六位 01345789：

转换：05 07 08 09 10 11 13 14 15 17 18 19 20 21 23 24 25 27 28 29 30 31 33（与上同理，排除 01 02 03，第三位若出 04，第四位就排除 04）。

五六一位 015679：

转换：01 05 06 07 09 10 11 15 16 17 19 20 21 25 26 27 29 30 31。

六一二位 012367：

转换：01 02 03 06 07 10 11 12 13 16 17 20 21 22 23 26 27 30 31 32 33。

在这些定位号码中一般会出现 1~3 个号码，出现最多的是 2~3 个，但是为了保险起见，定 1~3 个比较稳妥。

# 第七章　双色球转换法与工具应用

方法一：多位滤除法。

第一步：将开奖号码的尾数全部提取出来。

提取 18050 期开奖号码尾数：１２４０８９。

做一个简单的转换：

一二三位 124；

二三四位 240；

三四五位 408；

四五六位 089；

五六一位 891；

六一二位 912。

第二步：利用数字三的定胆方法分别定出六注数字三型号码。

一二三位：

（124+2+982）/3.141=352.7539，取不重复前三码 352；

（124×602）/49=1523.428571，取不重复前三码 152；

（124+143）/619=0.431340872，取不重复前三码 043。

层级定胆：在双色球 050 期一二三位的基础上向上数三期，再向上数五期，只取尾数，得到两组数字三号码，作为下期胆码。

18050 期一二三位向上数三期得到 18048 期 120；

18050 期一二三位向上数五期得到 18046 期 034；

综合一二三位所有定出的胆：012345。

然后，利用这样的形式获得其余位置的胆码。

二三四位 240：

（240+2+982）/3.141=390.3215536　取不重复前三码 390；

（240×602）/49=2948.571429　取不重复前三码 294；

（240+143）/619=0.618739903　取不重复前三码 061；

18050 期二三四位向上数三期得到 18048 期 205；

18050 期二三四位向上数五期得到 18046 期 348；

得到二三四位 012345689。

三四五位 408：

（408+0+982）/3.141=442.5342248　取不重复前三码 425；

（408×602）/49=5012.571429　取不重复前三码 501；

（408+143）/619=0.890145396　取不重复前三码 089；

18050 期三四五位向上数三期得到 18048 期 05；

18050 期三四五位向上数五期得到 18046 期 480；

得到三四五位 0124589。

四五六位 089：

（089+8+982）/3.141=343.5211716　取不重复前三码 345；

（089×602）/49=1093.428571　取不重复前三码 109；

（089+143）/619=0.374798061　取不重复前三码 037；

18050 期四五六位向上数三期得到 18048 期 503；

18050 期四五六位向上数五期得到 18046 期 801；

得到四五六位 01345789。

五六一位 891：

（891+9+982）/3.141=599.1722381　取不重复前三码 591；

（891×602）/49=10946.57143　取不重复前三码 109；

（891+143）/619=1.670436187　取不重复前三码 167；

18050 期三四五位向上数三期得到 18048 期 01；

18050 期三四五位向上数五期得到 18046 期 01；

得到五六一位 015679。

六一二位 912：

（912+1+982）/3.141=603.3110474　取不重复前三码 603；

（912×602）/49=11204.57143　取不重复前三码 120；

（912+143）/619=1.704361874　取不重复前三码 170；

18050 期三四五位向上数三期得到 18048 期 12；

18050 期三四五位向上数五期得到 18046 期 103；

得到六一二位 012367。

第三步：将每一个数字三得到的胆码转换成双色球号码，导入双色球分析家"多位滤除"当中，进行缩水。

一二三 012345：

转换：01 02 03 04 05 10 11 12 13 14 15 20 21 22 23 24 25 30。

二三四位 012345689：

转换：02 03 04 05 06 08 09 10 11 12 13 14 15 16 18 19 20 21 22 23 24 25 26 28 29 30 31（二位不可能开出 01，所以将 01 排除）。

三四五位 0124589：

转换：04 05 08 09 10 11 12 14 15 18 19 20 21 22 24 25 28 29 30 31 32（与上同理，排除 01 02）。

四五六位 01345789：

转换：05 07 08 09 10 11 13 14 15 17 18 19 20 21 23 24 25 27 28 29 30 31 33（与上同理，排除 01 02 03，第三位若出 04，第四位就排除 04）。

五六一位 015679：

转换：01 05 06 07 09 10 11 15 16 17 19 20 21 25 26 27 29 30 31。

六一二位 012367：

转换：01 02 03 06 07 10 11 12 13 16 17 20 21 22 23 26 27 30 31 32 33。

按照位置排序，导入双色球分析家"多位滤除"设置为 1-3。

图 7-1 多位滤除

用 33 个红球号码直接进行过滤缩水，进一步过滤掉 166133 注号码组合。

图 7-2 结果

18051 期开奖号码为 05 07 20 23 27 31。

```
05 07 20 23 26 30
05 07 20 23 26 31
05 07 20 23 26 32
05 07 20 23 26 33
05 07 20 23 27 28
05 07 20 23 27 29
05 07 20 23 27 30
05 07 20 23 27 31
```

图 7-3　保留六红

保留六红。

方法二：加强缩水方法。

在彩票选号，或者说彩票缩水时需要验证选号，笔者之前不止一次说过"不验证不选号"，所以，我们可以通过验证的方法定出每一注数字三形式的准确胆码，再用多位滤除来缩水，会收到不一样的效果。

验证方法很简单，如果前二期至四期的某一个定胆方法出现错误，那么下期的正确率就非常高了，没有一直连对的方法，也没有一直连错的方法，所以借用这个理论我们可以更有把握地进行分析。

例如：

18050 期三四五位五期层级定胆法连错四期，那么 18051 期的三四五位的五期层级定胆法准确率就非常高了。

18050 期三四五位向上数五期得到 18046 期，480。

转换：04 08 10 14 18 20 24 28 30（设置为 1-3）。

在缩水掉 16 万多注以后，利用验证的方法又缩水掉 28 万多注，总共缩水掉 44 万注号码组合。

| 红球组合 |
| --- |
| 05 07 20 22 27 29 |
| 05 07 20 22 27 30 |
| 05 07 20 22 27 31 |
| 05 07 20 22 27 32 |
| 05 07 20 22 27 33 |
| 05 07 20 22 28 29 |
| 05 07 20 22 28 30 |
| 05 07 20 22 28 31 |
| 05 07 20 22 28 32 |
| 05 07 20 22 28 33 |
| 05 07 20 22 29 30 |
| 05 07 20 22 29 31 |

图 7-4  结果

保留六红。

在这基础上再使用前面的条件组设置的方法和双色球定位胆排序软件继续缩水操作，最后结合自己的经验，中奖概率自然提高。

# 第八章　双色球综合应用的秘诀

综合应用，就是将我们前面讲过的方法有机地结合在一起，再配以双色球分析家、双色球定位胆排序软件进行过滤缩水，效果是显著的。

以 18050 期开奖号码尾数：1 2 4 0 8 9 为例，预测 18051 期。

做一个简单的转换：

一二三位 124；

二三四位 240；

三四五位 408；

四五六位 089；

五六一位 891；

六一二位 912。

利用数字三的定胆方法分别定出六注数字三型号码。

一二三位：

（124+2+982）/3.141=352.7539，取不重复前三码 352；

（124×602）/49=1523.428571，取不重复前三码 152；

（124+143）/619=0.431340872，取不重复前三码 043。

层级定胆：在双色球 050 期一二三位的基础上向上数三期，再向上数五期，只取尾数，得到两组数字三号码，作为下期胆码。

18050 期一二三位向上数三期得到 18048 期 120；

18050 期一二三位向上数五期得到 18046 期 034；

综合一二三位所有定出的胆：012345。

083

然后，利用这样的形式获得其余位置的胆码。

二三四位 240：

（240+2+982）/3.141=390.3215536，取不重复前三码 390；

（240×602）/49=2948.571429，取不重复前三码 294；

（240+143）/619=0.618739903，取不重复前三码 061；

18050 期二三四位向上数三期得到 18048 期 205；

18050 期二三四位向上数五期得到 18046 期 348；

得到二三四位 012345689。

三四五位 408：

（408+0+982）/3.141=442.5342248，取不重复前三码 425；

（408×602）/49=5012.571429，取不重复前三码 501；

（408+143）/619=0.890145396，取不重复前三码 089；

18050 期三四五位向上数三期得到 18048 期 05；

18050 期三四五位向上数五期得到 18046 期 480；

得到三四五位 0124589。

四五六位 089：

（089+8+982）/3.141=343.5211716，取不重复前三码 345；

（089×602）/49=1093.428571，取不重复前三码 109；

（089+143）/619=0.374798061，取不重复前三码 037；

18050 期四五六位向上数三期得到 18048 期 503；

18050 期四五六位向上数五期得到 18046 期 801；

得到四五六位 01345789。

五六一位 891：

（891+9+982）/3.141=599.1722381；取不重复前三码 591；

（891×602）/49=10946.57143；取不重复前三码 109；

（891+143）/619=1.670436187；取不重复前三码 167；

18050 期三四五位向上数三期得到 18048 期 01；

18050 期三四五位向上数五期得到 18046 期 01；

得到五六一位 015679。

## 第八章 双色球综合应用的秘诀

六一二位 912：

（912+1+982）/3.141=603.3110474，取不重复前三码 603；

（912×602）/49=11204.57143，取不重复前三码 120；

（912+143）/619=1.704361874，取不重复前三码 170；

18050 期三四五位向上数三期得到 18048 期 12；

18050 期三四五位向上数五期得到 18046 期 103；

得到六一二位 012367。

18050 期三四五位五期层级定胆法连错四期，那么 18051 期的三四五位的五期层级定胆法准确率就非常高了。

18050 期三四五位向上数五期得到 18046 期，得到 480。

最后，整理我们得到的号码组，备用。

一二三：01 02 03 04 05 10 11 12 13 14 15 20 21 22 23 24 25 30；

二三四：02 03 04 05 06 08 09 10 11 12 13 14 15 16 18 19 20 21 22 23 24 25 26 28 29 30 31；

三四五：04 05 08 09 10 11 12 14 15 18 19 20 21 22 24 25 28 29 30 31 32；

三四五：04 08 10 14 18 20 24 28 30；

四五六：05 07 08 09 10 11 13 14 15 17 18 19 20 21 23 24 25 27 28 29 30 31 33；

五六一：01 05 06 07 09 10 11 15 16 17 19 20 21 25 26 27 29 30 31；

六一二：01 02 03 06 07 10 11 12 13 16 17 20 21 22 23 26 27 30 31 32 33。

利用之前讲过制作条件组的方法将条件组整理出来。

条件组：

01 02 03 33=0-2

05 06 07 08 09=0-2

13 14 15 16 17=0-2

17 18 19 20=0-2

26 27 28 29=0-2

02 03 04 06 08 10 12 16 17 20 21 32=1-4

01 02 03 04 05 06 08 09 10 11 12 14 15=1-5

01 03 04 11 19 21=0-3

02 04 05 08 09 21=0-3

02 05 07 08 21=0-3

01 04 10=0-2

01 06 08 11 12 16=0-3

01 02 06 07 10 16=0-3

01 02=0-1

01 02 03 06 08 09 14 15 16 17 18=0-3

02 03 10 18 22=0-3

03 04 06 12 16=0-3

12 14 25=0-1

01 03 04 11 19 23=1-3

胆尾：

V：1 8=1-2

V：2 3 4 6 7 8=1-6

双色转 3D：

（1）三区和值转 3D：01245679=2-3；

（2）相邻定位和尾转 3D：012345679=2-3；

（3）相邻定位差尾转 3D：01345679=2-3。

层级定胆法在双色 3D 表中查找。

利用 3D 定胆的方法计算得出胆码集合，再利用数字三分析家缩水界面第 2 页胆码设定，缩水出号，直接导入双色球分析家对应区域进行缩水（在导入的时候，一定要选择保留）。

资料都准备就绪，下一步"利用 33 个号码直接缩水"。

将资料导入双色球分析家，点击缩水按钮，即可缩水过滤号码。

经过条件组的制作以及缩水工作，我们得到了 161844 注号码组合，18051 期开奖号码 05 07 20 23 27 31，保留六红。

最后，再利用双色球定位胆排序软件来定位取号码，减少不必要的注数。

在设置条件的时候，一般情况下出现多次反，或隔期出反的，我们不选择正，如果全是正，或趋于平稳，我们就选择正。

第八章 双色球综合应用的秘诀

举例如下：

图 8-1 双色 3D 预测

图 8-2 号码组合

087

第一位：

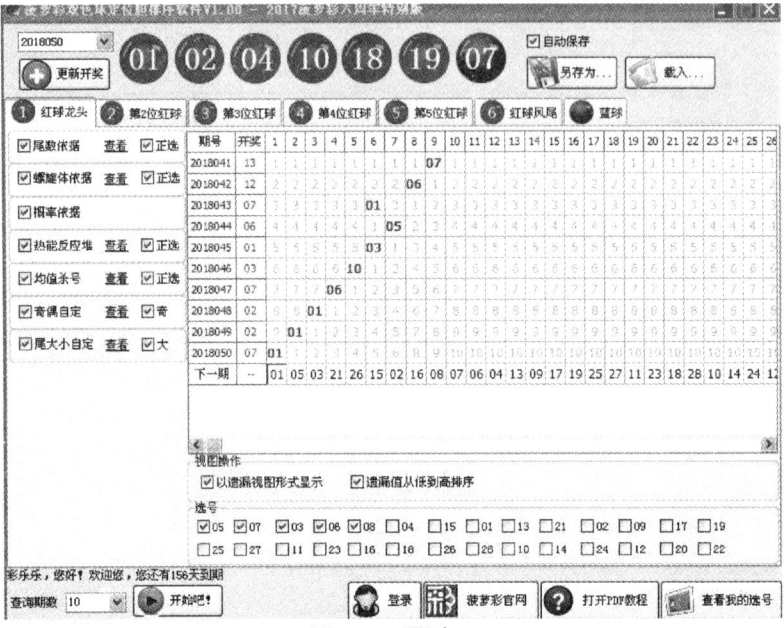

图 8-3 预测一

第二位：

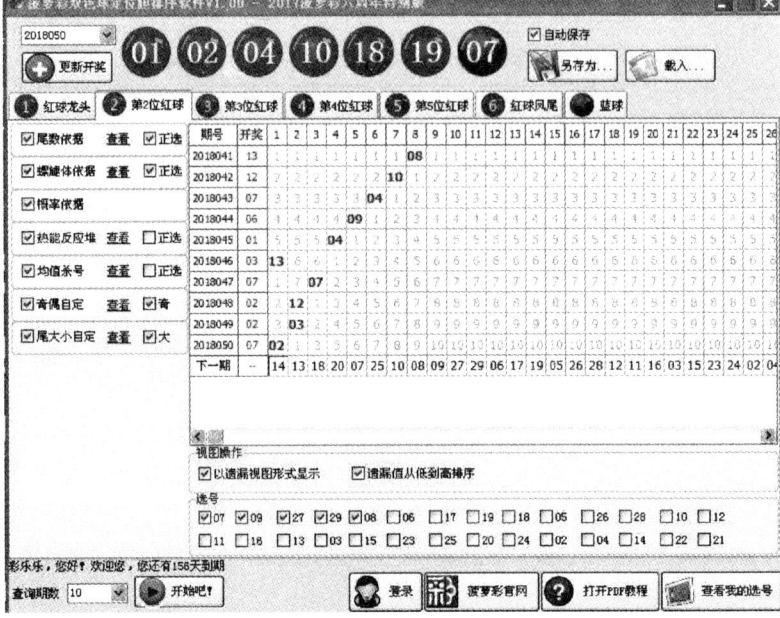

图 8-4 预测二

第八章 双色球综合应用的秘诀

**第三位：**

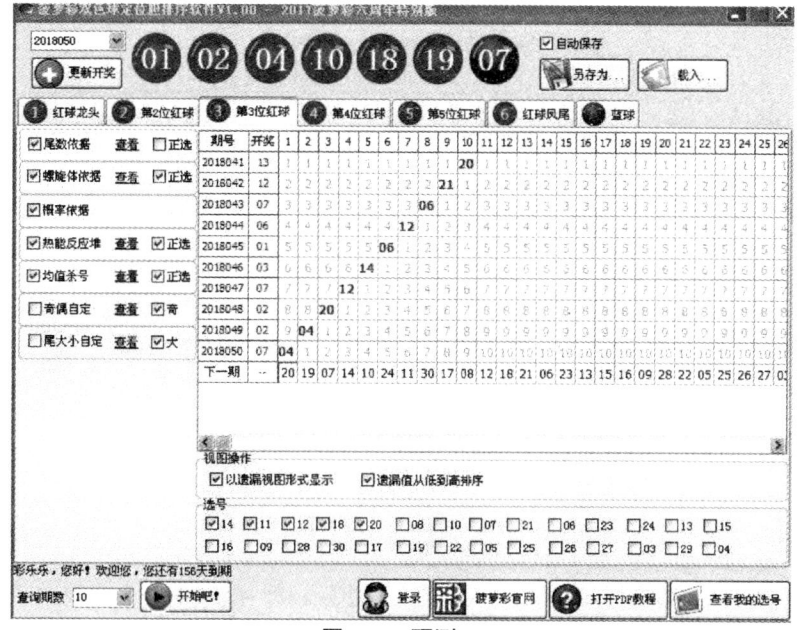

图 8-5 预测三

**第四位：**

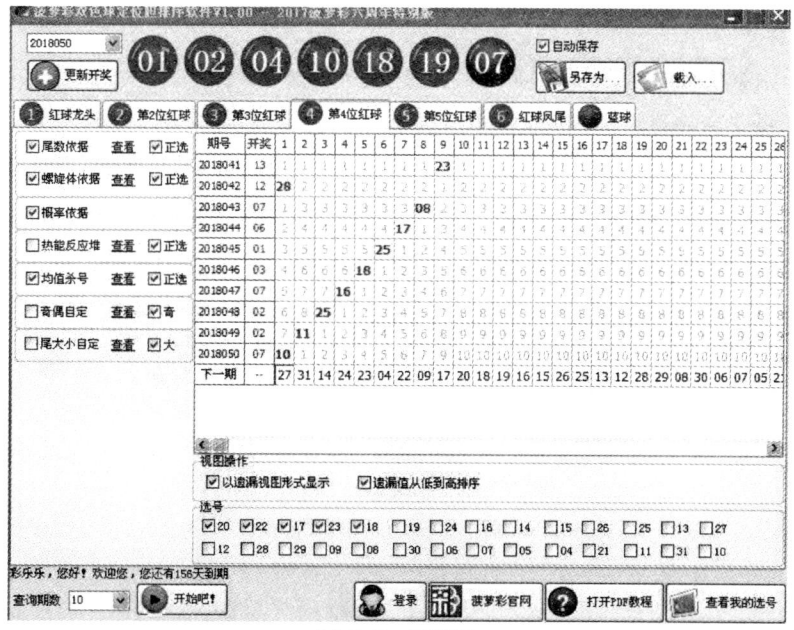

图 8-6 预测四

089

## 第五位：

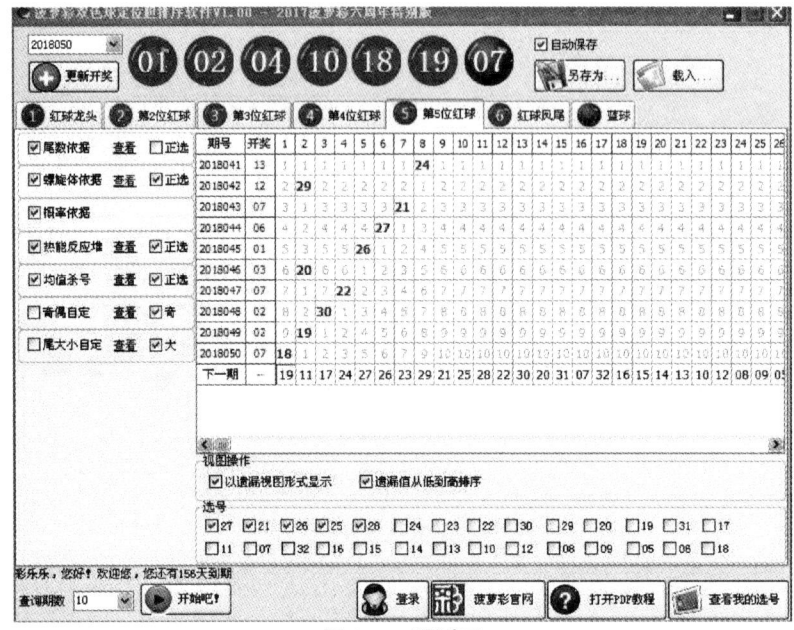

图 8-7　预测五

## 第六位：

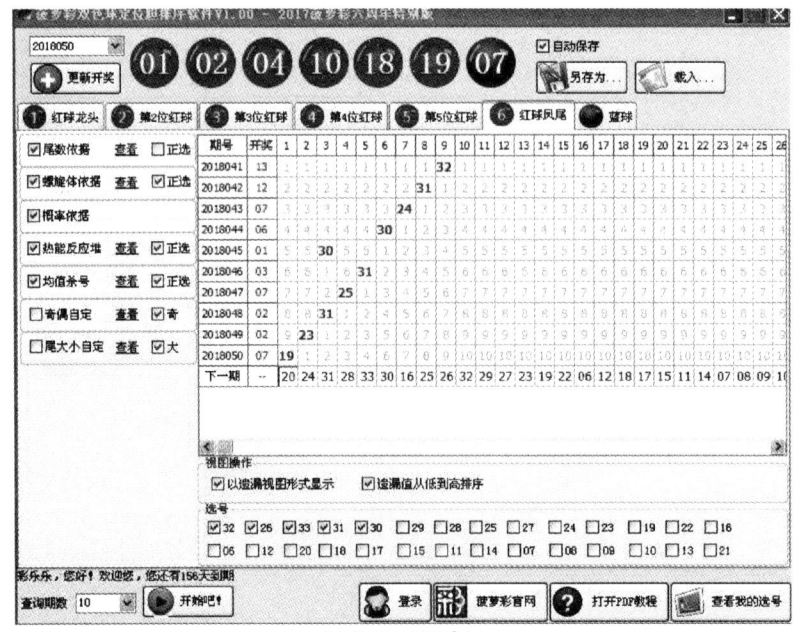

图 8-8　预测六

第八章 双色球综合应用的秘诀

通过条件的设定我们各取了定位五码作为定位胆码,再进入双色球分析家软件中进行过滤缩水。

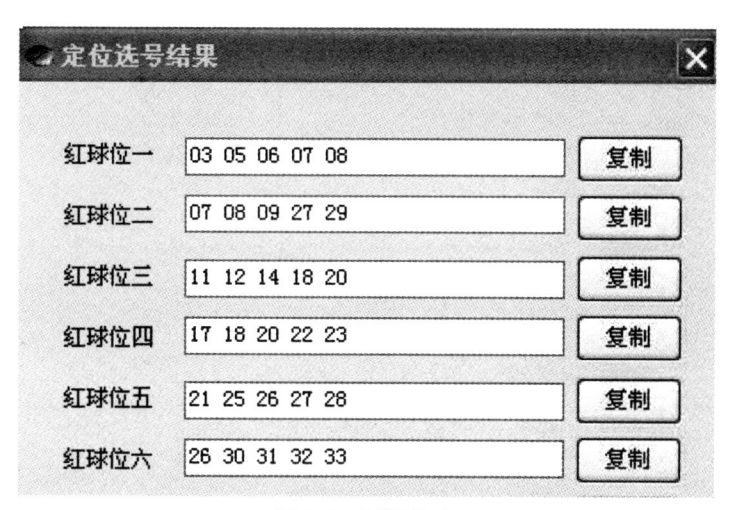

图 8-9 过滤缩水

图 8-10 定位滤除

091

通过定位胆排序软件定胆，配用双色球分析家软件的缩水，我们得到 840 注号码组合，完美保留六红。

```
运算完毕                    ×
OK！运算完毕！
本次实际共过滤了161004注
总共耗时1秒
                            载入
                            840注9页
```

| 序号 | 红球组合 |
|---|---|
| 390 | 05 07 18 23 26 32 |
| 391 | 05 07 20 23 25 31 |
| 392 | 05 07 20 23 26 31 |
| 393 | 05 07 20 23 27 31 |
| 394 | 05 07 20 23 28 32 |
| 395 | 05 07 20 23 28 33 |
| 396 | 05 08 11 17 28 31 |
| 397 | 05 08 11 17 28 32 |
| 398 | 05 08 11 17 28 33 |
| 399 | 05 08 11 18 21 26 |
| 400 | 05 08 11 18 21 30 |

图 8–11　号码组合

我们综合应用了转换选号法缩水、条件组设置缩水、定位胆排序软件定胆缩水三种缩水模式，就得到了包含六红在内的 840 注号码组合，如果再结合验证杀号方法，或者定独胆的方法，中 5~6 个红球的概率很高。

# 第九章　双色球蓝球选号方法

双色球蓝球的选择：一是排除，也就是杀掉某些号码；二是大小、奇偶、区间，判断出这三方面，蓝球就有了轮廓；三是关系，与上期红球的关系，与上期蓝球的关系；四是结合双色球分析家当中的奴隶围蓝，这样可以更精准地选出独蓝。

## 一、杀号方法

方法一：绝杀公式：L=A+B。

其中，L代表本期要绝杀蓝球；A代表上上期实际开出的蓝球；B代表上期实际开出的蓝球。

绝杀原理：A+B的和为一个自然数时，直接杀该数，A+B的和为两位数时，取其个位也就是和尾绝杀。A+B的和为0时，绝杀10。

07+03=10，杀10。

方法二：绝杀公式：L=A+16。

其中，L代表本期要绝杀蓝球；A代表上期实际开出蓝球号码。

绝杀原理：上期蓝球+16的和均为两位数，取其个位也就是尾数作为本期绝杀号。尾数值为0时，绝杀10。

07+16=23，杀03。

方法三：A+B+C绝杀法。绝杀公式：L=A+B+C。

其中，L代表本期要绝杀的蓝球；A代表上期实际开出的蓝球；B代表上上期实际开出的蓝球；C 代表上三期实际开出的蓝球。

绝杀原理：A+B+C 的和均为两位数，取其个位也就是尾数作为本期绝杀号。尾数值为 0 时，绝杀 10。

07+03+12=22，杀 02。

方法四：A+B+C+D 绝杀法。绝杀公式：L=A+B+C+D。

其中，L 代表本期要绝杀的蓝球；A 代表上期实际开出的蓝球；B 代表上上期实际开出的蓝球；C 代表上三期实际开出的蓝球；D 代表上四期实际开出的蓝球。

绝杀原理：A+B+C+D 的和均为两位数，取其个位也就是尾数作为本期绝杀号。尾数值为 0 时，绝杀 10。

07+03+12+11=33，杀 03。

方法五：上期蓝球 S+G 绝杀法。绝杀公式：L=S+G。

其中，L 代表本期绝杀蓝球；S 代表上期蓝球的十位数字；G 代表上期蓝球的个位数字。

绝杀原理：上期蓝球大于 10，十位和个位直接相加，取和绝杀。上期蓝球小于或等于 10，先加 16，如果相加后尾数为 0 时，再加 16，后将得数的十位和个位相加，相加后的和为绝杀数。

对应杀号：

上期出 01　下期杀 08　上期出 02　下期杀 09
上期出 03　下期杀 10　上期出 04　下期杀 02
上期出 05　下期杀 03　上期出 06　下期杀 04
上期出 07　下期杀 05　上期出 08　下期杀 06
上期出 09　下期杀 07　上期出 10　下期杀 01
上期出 11　下期杀 02　上期出 12　下期杀 03
上期出 13　下期杀 04　上期出 14　下期杀 05
上期出 15　下期杀 06　上期出 16　下期杀 07

方法六：上期蓝球 S-G 绝杀法。绝杀公式：L=S-G。

其中，L 代表本期要绝杀的蓝球；S 代表上期蓝球十位数字；G 代表上期蓝球个位数字。

绝杀原理：上期蓝球大于 10 时，十位数字和个位数字直接相减。上期蓝球小于或等于 10 时，先加 16，如果相加后尾数为 0，再加 16，然后将得数的十位和个位相减。相减后不论正负数，取绝对值作为绝杀号。相减后差为 0 时，绝杀 10。

07+16=23　3-2=1，杀 01。

## 二、大小、奇偶、区间分析

大小分析：

蓝球 16 个号码中 01~08 为小号，09~16 为大号。

号码特点：

（1）大号最多连续出五期；小号最多连续出四期。

（2）大号最多间隔四单次后多次，小号最多间隔七单次后多次。

（3）大小大小……连续单次跳跃五期后逆转出重复。

奇偶分析：

16 个号码奇偶正好相等。

号码特点：

（1）奇数最多连续出六期；偶数最多连续出五期。

（2）奇数最多间隔三单次后多次；偶数最多间隔六单次后多次。

（3）奇偶奇偶……连续单次跳跃三期后逆转重复。

区间分析：

16 个号码按四区间等分为 01~04、05~08、09~12、13~16。

号码特点：

（1）各区间最多连续出三期。

（2）一区间和四区间最多间隔六单次后多次；二区间和三区间最多间隔十二单次后多次。

（3）一、二、三、一区间……连续单次跳跃十五期后逆转重复。

## 三、关系

上期蓝球与本期的关系：

假设上期蓝球为07，本期为06则此栏统计为-1；本期为07则此栏统计为相同；本期为12则统计为+5。

（1）上期蓝球与本期蓝球最多连续加五期，但一般只连续加两期；最多连续减三期。

（2）上期与本期关系加和减都是间隔十一单次后多次。

（3）上期与本期关系加、减、相同、减……连续单次跳跃十期后逆转重复。

上期红球尾数与本期蓝球尾数的关系：

统计出本期蓝球尾数是否在上期红球尾数当中出现过。

（1）上期红球尾数包含本期蓝球尾数最多连续六期；不包含最多连续四期。

（2）包含最多间隔四单次后多次；不包含最多间隔三单次后多次。

（3）包含、不包含、包含……连续单次跳跃三期后逆转重复。

## 四、结合双色球分析家进行蓝球预测

奴隶围蓝，是由N条公式碎片组成，多条正确率很高的公式碎片组成一系列蓝球。

将奴隶围蓝结合我们前边说的杀号、大小、奇偶等一系列的方法综合应用，这样选出来的号码更有针对性，更可以把握出号方向。

举例：预测18051期蓝球。

（1）奴隶围蓝：01 02 03 04 05 06 12 13 14 15 16。

排除：07 08 09 10 11。

（2）验证杀号：05 08 11。

排除：08 11。

01 02 03 04 05 06 07 09 10 12 13 14 15 16。

（3）结合双色球分析家常用杀蓝公式和19式杀蓝公式。

常用杀蓝公式：

1）上期出错，一般情况下，下期正确。所以杀 09。

2）不同的公式杀同一码，所以杀 09。

常用杀蓝公式　19式杀蓝公式　奴隶围兰

常用杀蓝公式，6条公式同时杀蓝，有的杀蓝尾数，有的一次能杀2个号码，如果全用，能够杀掉一半的号码，看来似乎还不错

| 期号 | 当期开奖号码 | 杀蓝公式1 | 杀蓝公式2 | 杀蓝公式3 | 杀蓝公式4 | 杀蓝公式5 | 杀蓝公式6 |
|---|---|---|---|---|---|---|---|
| 2018041 | 07 08 20 23 24 32 +13 | 2尾 √ | 02 \| 14 √ | 01 √ | 6尾 √ | 4尾 √ | 12 √ |
| 2018042 | 06 10 21 28 29 31 +12 | 6尾 √ | 15 \| 11 √ | 04 √ | 4尾 √ | 9尾 √ | 06 √ |
| 2018043 | 01 04 06 08 21 24 +07 | 4尾 √ | 14 \| 10 √ | 02 √ | 4尾 √ | 1尾 √ | 08 √ |
| 2018044 | 05 09 12 17 27 30 +06 | 4尾 √ | 09 \| 05 √ | 08 √ | 0尾 √ | 5尾 √ | 10 √ |
| 2018045 | 03 04 06 25 26 30 +01 | 2尾 √ | 08 \| 04 √ | 11 √ | 0尾 √ | 0尾 √ | 01 × |
| 2018046 | 10 13 14 18 20 31 +03 | 2尾 √ | 03 \| 15 × | 04 √ | 6尾 √ | 5尾 √ | 13 √ |
| 2018047 | 06 07 12 16 22 25 +07 | 6尾 √ | 05 \| 01 √ | 13 √ | 9尾 √ | 4尾 √ | 07 × |
| 2018048 | 01 12 20 25 30 31 +02 | 4尾 √ | 09 \| 05 √ | 13 √ | 4尾 √ | 8尾 √ | 16 √ |
| 2018049 | 01 03 04 11 19 23 +02 | 4尾 √ | 04 \| 16 √ | 03 √ | 0尾 √ | 3尾 √ | 11 √ |
| 2018050 | 01 02 04 10 18 19 +07 | 4尾 √ | 04 \| 16 √ | 03 √ | 1尾 √ | 4尾 √ | 07 × |
| 2018051 | ?? ?? ?? ?? ?? ?? +?? | 4尾 | 09 \| 05 | 08 | 7尾 | 3尾 | 09 |

**图 9-1　杀蓝公式**

19 式杀蓝公式：连错概率不高，上期出错，下期杀。所以杀 01 08 15。

号码预测->蓝球预测　【新手指南】胆：即是必出号；杀：即是不出号。

常用杀蓝公式　19式杀蓝公式　奴隶围兰

19式杀蓝工具，它与19式杀红的道理相同

| 期号 | 当期蓝球 | 杀1 | 杀2 | 杀3 | 杀4 | 杀5 | 杀6 | 杀7 | 杀8 | 杀9 |
|---|---|---|---|---|---|---|---|---|---|---|
| 2018040 | 16 | 无 | 无 | 无 | 无 | 无 | 无 | 无 | 无 | 无 |
| 2018041 | 13 | 无 | 无 | 无 | 无 | 无 | 无 | 无 | 无 | 无 |
| 2018042 | 12 | 04 √ | 14 √ | 04 √ | 08 √ | 01 √ | 05 √ | 11 √ | 09 √ | 03 √ |
| 2018043 | 07 | 10 √ | 05 √ | 04 √ | 09 √ | 12 √ | 07 × | 15 √ | 13 √ | 01 √ |
| 2018044 | 06 | 06 × | 10 √ | 06 × | 04 √ | 11 √ | 09 √ | 09 √ | 15 √ | 11 √ |
| 2018045 | 01 | 10 √ | 03 √ | 08 √ | 11 √ | 14 √ | 03 √ | 03 √ | 01 × | 13 √ |
| 2018046 | 03 | 06 √ | 08 √ | 10 √ | 06 √ | 13 √ | 05 √ | 13 √ | 03 × | 07 √ |
| 2018047 | 07 | 07 × | 05 √ | 05 √ | 05 √ | 03 √ | 05 √ | 06 √ | 08 √ | 01 √ |
| 2018048 | 02 | 05 √ | 03 √ | 15 √ | 15 √ | 15 √ | 05 √ | 04 √ | 14 √ | 13 √ |
| 2018049 | 02 | 14 √ | 03 √ | 12 √ | 11 √ | 10 √ | 11 √ | 15 √ | 13 √ | 13 √ |
| 2018050 | 07 | 01 √ | 08 √ | 01 √ | 10 √ | 14 √ | 07 × | 14 √ | 16 √ | 07 × |
| 2018051 | ?? | 12 | 04 | 16 | 02 | 03 | 01 | 07 | 05 | 15 |

| 期号 | 杀10 | 杀11 | 杀12 | 杀13 | 杀14 | 杀15 | 杀16 | 杀17 | 杀18 | 杀19 |
|---|---|---|---|---|---|---|---|---|---|---|
| 2018040 | 无 | 无 | 无 | 无 | 无 | 无 | 无 | 无 | 无 | 无 |
| 2018041 | 无 | 无 | 无 | 无 | 无 | 无 | 无 | 无 | 无 | 无 |
| 2018042 | 09 √ | 16 √ | 16 √ | 16 √ | 15 √ | 14 √ | 12 × | 15 √ | 16 √ | 16 √ |
| 2018043 | 09 √ | 01 √ | 04 √ | 10 √ | 10 √ | 01 √ | 10 √ | 09 √ | 11 √ | 12 √ |
| 2018044 | 15 √ | 08 √ | 16 √ | 06 × | 03 √ | 02 √ | 06 × | 01 √ | 14 √ | 08 √ |
| 2018045 | 05 √ | 11 √ | 12 √ | 10 √ | 16 √ | 07 √ | 10 √ | 01 × | 05 √ | 04 √ |
| 2018046 | 11 √ | 02 √ | 08 √ | 06 √ | 09 √ | 08 √ | 06 √ | 09 √ | 08 √ | 16 √ |
| 2018047 | 12 √ | 03 √ | 04 √ | 01 √ | 14 √ | 13 √ | 03 √ | 14 √ | 12 √ | 08 √ |
| 2018048 | 10 √ | 09 √ | 12 √ | 11 √ | 12 √ | 11 √ | 09 √ | 04 √ | 12 √ | 08 √ |
| 2018049 | 01 √ | 03 √ | 12 √ | 06 √ | 16 √ | 07 √ | 14 √ | 05 √ | 09 √ | 04 √ |
| 2018050 | 16 √ | 16 √ | 08 √ | 07 × | 05 √ | 12 √ | 05 √ | 12 √ | 15 √ | 04 √ |
| 2018051 | 13 | 02 | 08 | 08 | 13 | 12 | 04 | 15 | 10 | 08 |

**图 9-2　蓝球预测**

02 03 04 05 06 07 10 12 13 14 16。

（4）大小分析：

18044 期至 18050 期分别是大小小大小小大。

我们这样看：大小 小｛大小｝小｛大?｝大小大小……连续重复五期后逆转。所以可以断定 18051 期应该是小号：02 03 04。

（5）奇偶分析：

18046 期至 18050 期分别是奇偶偶奇。

这样看：奇偶 偶 {奇？} 奇偶奇偶……连续重复三期后逆转。所以可以断定18051期应该是偶数号码：02 04。

18051期蓝球开出04，预测正确。

# 第十章 菠萝彩创始人——郑洽

## 一、郑洽简介

郑洽,菠萝彩创始人。对彩票政策、彩票市场、彩票游戏、彩票技术、彩票算法、彩票文化具有广泛深入的研究。

2011年创办菠萝彩软件,自创有螺旋体算法、离散胆杀算法、排序法、概率对撞机、随机数线性算法、微尔算法等,对数字彩票领域有一定的了解及贡献,自开发软件有双色球分析家、数字三分析家、大乐透分析家、双色球公式版、数字三公式版、大乐透公式版等软件,均基于菠萝彩品牌名下。因对其彩票的玩法多样化和数据算法的高度融合,深受彩民喜爱,让众多彩民在玩彩中获得更多乐趣的同时斩获无数的大奖,荣获"汕头市十五年最佳个人贡献奖"和"汕头市高端人才奖"。

## 二、郑洽自述

我从事互联网工作很多年,是一个连续创业者,做过不少互联网项目,基本都是从零开始打拼,2008年是我事业的最低谷,在那次创业彻底失败之后,心灰意冷之时开始关注彩票。那时候我没想过进入这个行业,我与很多彩民有着共同的心境:中奖。事业不顺、工作不顺,我唯一能想到的事情就是:双色球是否能改变我的命运?

因为在此之前，我从未想过通过彩票来改变命运这种事情，觉得命运是掌握在自己手上的，买彩票这种低概率的事情不会与我有关系，然而在那个时候，它却是我唯一的希望。就因为这一份希望带着我走进彩票行业。因为之前从事的是互联网和软件开发工作，于是我开始研究各种算法，统计各种数据和概率，并制作出第一套软件：双色球分析家1.0版本。意想不到的是，第一版发布不久马上就火爆起来，引起了很多彩民的关注，这给我后期的研发奠定了基础，我每天工作16小时，在彩民的支持下不断地更新版本，获取新的数据和方法论证，取得了数字彩概率学上的一些成就。

在我研究数学概率的同时，我延伸到哲学领域，开始研究各种"易学"著作，通过"易学"的研究与彩票概率相结合，我发现了随机数的秘密：我们人生的走势何尝不是与这彩票走势图和算法有异曲同工之处呢？人生很多事情看似都是随机的，而随机的背后却是有着一定的规律存在，每个人的性格有自己的一套"算法"，而这套"算法"控制着你的人生，即是你看到的"随机事件"。

彩票开奖是物理随机数，每一次都是一个独立的随机事件，看似跟历史开奖记录没有任何关系，然而，在发生随机数之时，整个垂直的概率事件正在让它们趋向于平均值。就像投硬币一样，假如有10次投中正面，那接下来你是不是会认为出现反面呢？从概率学上讲，下一次的机会其实都是各占50%的概率，不管投多少次，其概率都是一样的。而当你投了100次或1000次之后会发现，硬币的正反面都趋于各占50%的出现次数，也即是说，彩票的开奖不管怎么随机，也逃不过"中心平均值"这座五指山。继续延伸思考我们会发现，我们生活日常中的一些事情，当长期没有发生时，可能在不久之后就会发生，因为你性格中的"算法"决定了你的"中心平均值"的取值范围，现在还没有发生的事情并不代表不会发生，因此你可以做好各种预防工作。有时候你会觉得自己很倒霉？不用怕，倒霉透了自然就回转了。

"彩票哲学"让我们诞生了希望。玩彩不再仅仅是为了满足物质上的需要，更重要的是我们能够在精神上有所收获。在未来的日子里，我们将逐渐帮助更多的彩民以正确看待玩彩过程，减少社会"问题彩民"的产生，让彩票环境更加健康。

菠萝彩：www.polocai.com。

彩宝网：www.caibow.com。

欢迎登录我们的网站查阅各种数据指标、走势图、软件应用以及推荐，我们将努力做得更好，谢谢！

# 附 录

## 一、精"彩"人生

许多人体会出彩票的无限魅力,更有一些人因为中巨奖而使人生更加灿烂。彩票在培养良好心态、丰富业余生活和活跃大脑思维等方面把人们引入更深层的境界。

有理有据。在每一个彩票投注站,人们都会把选号作为突出话题,相互交流彩经,仔细观看图表,认真研究号码。为了确定自己的"胆"码,有人要连续多时苦苦思索;为了使自己的复式更厚实,有人要画出多种曲线;为了使自己的单注更准确,有人要做出多种组合。细心推敲、反复琢磨,让自己离500万元近一些,让自己的梦想早日实现。有的彩民说:"我选出的每一个号码都有一定的说法,有重复码、边缘码、连码、重点区间冷码等,可能顾及太多一时不能中奖,但我相信通过研究彩票能培养良好的思维习惯,这样玩起彩票才更有意义。

自娱自乐。社会节奏越来越快,从某种角度说甚至感觉到无形沉重负担压迫得人喘不过气来,所以人们都希望通过有意义的业余生活减轻来自工作和生活的压力。一些时尚的业余活动,或限于条件、或拘于金钱,使人们不敢涉足。比如,攀岩运动,那种与冷酷山石较量、与危险做伴的野外活动,使绝大多数人退却;比如航模,需要大笔的金钱投入,一般人承受不起。而彩票就不同了,哪怕你每周只使用4元钱,就能参与2期游戏活动,而快乐和希望将伴随你7天。4元钱买来7天的快乐和美好的希望,从愉悦心情方面来说,性价比可谓很高了。

实心实意。社会弱势群体救助更加切实。彩民对这种公益事业没有理由怀疑。衷心热爱彩票，真情参与彩票游戏，奉献自己的爱心，让自己的心情时时感受爱潮涌动，从而给自己一片温暖色彩，体味阳光味道。现在许多人都把拥护福利彩票事业作为时尚生活的一部分，并以"彩"为媒逐渐树立起文明生活的理念。

彩票乃是生活之中的娱乐添加剂，每一种类型的彩票，其实都是有着相同的意境。

喜欢玩彩的朋友，不在少数。

生活百态尽在其中，谁又能说生活是什么呢？小小的几位数字，涵盖的却是包罗万象、形形色色的社会。每一次的购彩都是一次对生活热爱的体现，对社会大爱的关注。

突破每个人每颗心的意境，让真善美常驻人间。

其实每个人内心深处都有一块空地，等着被开采和挖掘，只是苦于没有一根绳子将心与心相连接。彩票作为一种媒介，让大家互动并互爱，也通过彩票结识朋友，让内心深处的那一方空地，成为更精彩更坚实的情怀。

## 二、双色球奖项设置

| 奖级 | 中奖条件 红球 | 中奖条件 蓝球 | 中奖说明 | 收益倍数 |
|---|---|---|---|---|
| 一等 | ●●●●●● | ● | 中 6+1 | 浮动 |
| 二等 | ●●●●●● |  | 中 6+0 | 浮动 |
| 三等 | ●●●●● | ● | 中 5+1 | 1500 倍 |
| 四等 | ●●●●● |  | 中 5+0 | 100 倍 |
| 四等 | ●●●● | ● | 中 4+1 | 100 倍 |
| 五等 | ●●●● |  | 中 4+0 | 5 倍 |
| 五等 | ●●● | ● | 中 3+1 | 5 倍 |
| 六等 | ●● | ● | 中 2+1 | 2.5 倍 |
| 六等 | ● | ● | 中 1+1 | 2.5 倍 |
| 六等 |  | ● | 中 0+1 | 2.5 倍 |

## 三、福彩 3D

### （一）投注规则

3D 每注投注金额为 2 元。投注者可在中国福利彩票投注站进行投注。投注号码经投注机打印为兑奖凭证，交投注者保存，此兑奖凭证即为 3D 彩票。

投注者投注时可自选号码，也可机选。自选号码投注即将投注者选定的号码输入投注机进行投注；机选号码投注即由投注机随机产生投注号码进行投注。投注者可只购买当期彩票（即"当期投注"），也可购买从当期起连续若干期的彩票（即"多期投注"）。3D 每期每个号码的投注注数，由各省根据市场销售情况限量发行。

"3D"采用固定设奖。各奖等奖额规定如下：

"单选"投注：中奖金额为每注 1040 元；

"组选 3"投注：中奖金额为每注 346 元；

"组选 6"投注：中奖金额为每注 173 元。

### （二）中奖规则

根据投注者所持"3D"彩票上的投注号码与当期公布的中奖号码相符情况，确定相应中奖资格：

"单选"奖：投注号码与当期公布的中奖号码的三位数按顺序全部相同，即中得单选奖。

"组选 3"奖：当期摇出的三位中奖号码中有任意两位数字相同，且投注号码的三个数字与当期公布的中奖号码的三个数字相同，顺序不限，即中得"组选 3"奖。

"组选 6"奖：当期摇出的三位中奖号码中三位数字各不相同，且投注号码的三个数字与当期公布的中奖号码的三个数字相同，顺序不限，即中得"组选 6"奖。

### (三) 兑奖规则

"3D"彩票中奖者应当自开奖之日起60个自然日内，逾期不兑奖的视为弃奖，中奖彩票因沾污、损坏等原因而不能正确识别的，不能兑奖。彩票中奖者应当自开奖之日起60个自然日内，逾期不兑奖的视为弃奖，弃奖奖金进入奖池基金。

中奖奖金在5000元（含5000元）以上的中奖者，可持中奖彩票及有效身份证件在兑奖期限内到本省福利彩票发行中心兑奖。中奖奖金在2000元以下的中奖者，中奖者持中奖彩票在本省规定的兑奖期限内到本省内任意投注站兑奖。具体兑奖办法详见《中国福利彩票（3D）兑奖办法》。

中奖金额在10000元以上中奖者须依法缴纳个人所得税，由兑奖机构依法代扣代缴。

兑奖机构有权查验中奖者的中奖彩票及有效身份证件，兑奖者应予以配合。凡伪造中奖彩票冒领奖金者，送交司法机关追究法律责任。

中奖者若在兑奖有效期内死亡的，奖金由其法定继承人兑取。

### (四) 轨迹定胆法

轨迹定胆法十组轨迹分别为047、158、269、370、481、592、603、714、825、936。

运用时我们把上一期开奖号码的个位弄明白就可以了，如开奖号码898，其个位为8，对应的轨迹为825，选胆要注重定胆技巧。选胆时，把轨迹825的前面一组714与后面一组936拿出来，有了六码轨迹714936，一般讲其中会有2~3枚胆码，下期开出奖号为738，中间有2枚胆码7、3。

同理，又如437，其个位数为7，对应轨迹为714，选胆六码范围为603825，下期开出奖号612，有2枚胆码。再如303，其个位数为3，对应轨迹为370，选胆六码范围为269481，下期开出268，包含3枚胆码。

## 四、双色球复式种类

（1）红色球号码复式：从红色球号码中选择 7~20 个号码，从蓝色球号码中选择 1 个号码，组合成多注投注号码的投注。

（2）蓝色球号码复式：从红色球号码中选择 6 个号码，从蓝色球号码中选择 2~16 个号码，组合成多注投注号码的投注。

（3）全复式：从红色球号码中选择 7~20 个号码，从蓝色球号码中选择 2~16 个号码，组合成多注投注号码的投注。

# 后　记

　　本书中讲解了福彩 3D 的选号方法和双色球的新型选号方法，以及辅助工具的应用，将难点转化、分解，就像化学反应一样，让"知识"充分溶解，再利用催化剂来辅助，快速、准确地得出结论。

　　到此为止，本书已是尾声了。机会是创造而不是等待，把握时机，博得先机。

　　本书突出以下两点：

　　第一，创新性，将繁转简，从简处着手；

　　第二，辅助功效，利用辅助工具，将转换法应用到极致，并且，利用软件当中配套的算法，可以精益求精，减少不必要的注数。

　　本书诠释了创新的重要性、技术的实战性、思维的跳跃性、方法的多变性。

　　本书以选三型彩票为引，借用选三形态的简易化选择其他彩种号码，可以说本书是选三型能手的最佳选择。在此也希望更多彩民朋友学好方法，中得大奖。